生産現場や工場勤務で
ありがちなことすべて

生産技術の馬

日本能率協会マネジメントセンター

はじめに

私は大学院生時代遊び呆けていて、就職活動も事前準備等せずに、就活解禁後から動き始めていました。当時は企業のこと、仕事のことなど何も知らず、四季報の情報と就活に関する掲示板の情報などを頼りにしていました。ですので応募する企業も、有名なメーカーがいいなぁ、といった感じで漠然と選んでいました。

メーカーにしようと思ったのは、ものづくりが仕事として一番想像できたからです。私は神戸大学の情報知能工学科出身ですが、工学部の学生がメーカーに就職する場合、研究開発か生産技術になる場合が多いことを就活解禁直前に知りました。研究開発はなんとなくイメージがついていましたが、生産技術という仕事は正直何をしているのか当時の私は全くわかりませんでした。

ではなぜ生産技術を選んだのかと言うと、私にとって大学院生時代の研究は全く楽しくなかったし、これを社会人になっても続けるのかと思うとゾッとしたので、正直言って消去法で選びました。当然、消去法で選んだなどと就活面接の場では言えないので、「幅広い分野の仕事がしたい」などとものすごく曖昧なことを言ってましたね。20社程度エントリーしていくつか内定もいただき、就活も無事に終わり、大手メーカーの生産技術職として勤務することになりました。

数年間この仕事を続けてきましたが、今でも生産技術は私に合っている仕事だと思っています。ただ、これは消去法で選んだ仕事だったので、合っていたというのはたまたまなんですよね。

私が就活をしていたときは、なかなか生産技術についての情報を得ることができず、生産技術を志望しているものの具体的な仕事像は全く浮かんでいませんでした（生産技術に関する本は当時もあったと思いますが、本を読む習慣がなかったので触れていません）。ネットで検索しても、「生産工程全体を効率的にするための設計をする仕事」と書かれていて、なぜもっと具体的に書いてくれないのか不思議で仕方なかったのを覚えています。

勤務してから数年後、仕事が少し落ち着いて定時で帰ることができる日も増えたので、私は何か副業をしたいと考えていました。副業といってもいろいろありますが、ストック型の収益を得ることができるブログやYouTubeに魅力を感じて、これからは動画の時代だと思ったのでYouTubeを始めようと決心します。

しかし、ただのサラリーマンの自分が発信できる内容はなんだろう。ふと私は就活の時を思い出して、YouTubeで「生産技術」と調べてみました。当時の状況とあまり変わっておらず、堅苦しい説明や抽象的な内容の動画ばかりでした。ここで、「じゃあ俺が説明しよう」と思い立って爆誕したのが「生産技術の馬」です。

この本を書こうと思った理由ですが、相変わらず生産技術職というのはあまり知られておらず、Googleで検索すると「生産技術　残業」「生産技術　きつい」などが上位に出てくる始末です。

これは多くの人が生産技術という仕事を具体的に知らないからだと思っているので、私がわかりやすく「あるある」という形式にしてこの仕事を皆さんにお届けします。もちろん生産技術の内容だけではなく、工場勤務の人が共感できるような内容も多く盛り込んでおり、いままで私がYouTubeで投稿した動画250本以上をぎゅっと凝縮した内容になってます。

生産技術のネガティブな面も書いていますが、ネットにはあまり載っていないポジティブな面も多く書いてますので、就活生や転職希望者のお役に立てるかと思います。

2024年2月
生産技術の馬

もくじ

3 施工会社あるある

4 生産技術のやりがいあるある

5 新入社員あるある

6 嫌な上司あるある

1 生産技術職あるある

呼び出しがありがち

よくネット上で生産技術職はやめとけと言われる原因の1つです。工場勤務の生産技術者も一般的なサラリーマンと同じく週休2日が多いのですが、自分が休んでいる日も工場は稼働しています。そんなときに設備トラブルが起こってしまったらどうでしょうか。その工場で他にも生産技術者が在籍、もしくは出勤していたら対応してもらうことができますが、いない場合は社用携帯が鳴り響きます。

「ラインが止まった。なんとかしてくれ」

休日にこんなこと言われたら絶望的ですよね。基本的には現場で解決しようとしますが、それでもどうしようもない場合は生産技術者が呼び出されることとなります。呼び出されると生産技術者は工場に行って、現場の方からどんなタイミングで止まったか、何かいつもと違う操作をしていないか、どんなエラーが出ているかなど情報収集を行い、原因を探します。原因がわかれば復旧方法も当てがつくので、復旧作業に取り掛かります。

このときに、配線が断線していたり、配管に穴が空いていたりと、自分ではどうしようもないときはお世話になっている施工業者に依頼して直してもらうことが多くなります。施工業者の応答がないときは自分たちでどうにかして復旧するしかありませんので、ここは臨機応変に対処する必要があります。

この呼び出しが厄介なところは、24時間稼働の工場だと夜中でも関係なく電話がかかってくるところです。夜中に工場からの電話で起こされて寝ぼけながら状況を聞き、真っ暗な中工場へ向かう。嫌な思い出が蘇ります。

ただし、2つだけ回避方法があります。

まず1つ目は飲酒することです。さすがにお酒を飲んでいては運転もできませんし、会社としても飲酒状態で勤務させるわけにはいかないので、夜中に呼び出されたくない方は毎日飲酒しておくことをおすすめします。

2つ目は工場の近くに住まないことです。

例えば工場まで電車で片道1時間半の場所に住んでいると、呼び出しても最低2時間はかかりますし、そもそも夜中なら電車は動いてないので向かう手段が車かタクシーしかありません。そんな状況であれば現場でなんとかしようとする意識がより働きますし、夜中のトラブルの場合、朝まで待つこともあります。これが工場の徒歩圏内に住んでいる場合、いとも簡単に呼び出されてしまうので注意が必要です。

生産技術者になりたいが呼び出しは避けたいという方は、24時間稼働の工場を避けることと、生産技術者が何人か他にも在籍している工場を選ぶようにしましょう。工場によっては生産技術とは別の課（保全課や設備課など）が呼び出し対応することもあるので、そういった工場が最も安心ですね。

最先端の技術に触れられる

どの会社でも無駄な作業を改善し、生産効率を上げたいという思いはあるのではないでしょうか。

生産技術者の仕事内容は会社によって様々ですが、「生産効率を上げるために何ができるか」を考えることが生産技術者のメインの仕事であることが多いです。近年は特に自動化やＤＸ化の需要が高まっていて、そこに投資する企業も増えてきています。

これらの需要が高まっているため、供給も高めようとして、制御機器メーカーはどんどん新しいロボットやシステムを開発しています。世の中に溢れたありとあらゆる手段から、自分の工場に最適なものを見つけて導入することが生産技術者の重要な役割なのです。これが仕事なので、最新技術の情報は常に集めておく必要がありますし、会社としても生産技術部門の社員にはそういった情報を知ってもらいたいと考えるはずです。したがって自動化や製造業ＤＸに関する展示会があればぜひ行ってくださいというスタンスの会社は多いように思います。

私は展示会が大好きでした。その理由は業務時間中にテーマパークへ遊びにいくような感覚になれるからです。毎度行くたびに、こんなこともできるようになっているのか、こんなロボットが作られているのかと感心し、特に自分の工場で展開できそうになくてもなんだかワクワクします。展示会に行くときに特にノルマを課せられているわけでもないので、もはや遊びだと思って東京ビッグサイトなどの展示会場によく足を運んでいました。

もし自分の工場で使えそうな技術があり、それを持ち帰って導入まででき、それが現場の役に立っていたり、生産効率UPにつながったときは非常にやりがいを感じます。そういったことができたときは、「これ、俺が導入したんやで」とドヤ顔で後輩に自慢していました。気持ち悪い先輩ですね。とにかく展示会はおもしろいし、役に立つことがあるかもしれないのでぜひ行ってみてください。

ここまでメリットしか記載していないので、1つだけ展示会のデメリットも挙げておこうと思いますが、とにかく興味のない営業をされるのが面倒くさいこと。出展している側は展示会をきっかけに成約まで持っていくことが目的ですから。

したがってもう目が合ってしまった暁には名刺の情報を抜き取られ、その場で猛烈な営業トークが始まります。私は気が強いのですぐその場から立ち去ることができますが、気の弱い人はなかなか離れられないことも多いと思います。その場をやり過ごしたとしても、後日欲しくもない資料やカタログが送られてくるので、そのあたりは覚悟して展示会に臨むようにしてください。

転職しやすい

私は転職経験があり、その際に生産技術は転職をしやすいと強く感じました。現在製造業は人手不足に陥っており（他の業種も同じですが）、特に生産技術の人手が足りていない企業が多く、需要が高まっています。転職サイトに登録し、「生産技術」で検索してみると、多くの企業が生産技術職の経験がある人材を募集していることがわかります。

しかも中小企業だけではなく、大企業に関しても生産技術者は多く募集しています。何もせずともネームバリューだけで人が集まってくるような大企業でさえも、生産技術者は不足しているということです。

それではなぜ生産技術職はこんなにも人手が足りていないのでしょうか。これはインターネットの情報に操作されている人が多いからだと私は考えています。「生産技術」とインターネットの検索欄に入力してみると、予測欄に「生産技術　残業」「生産技術　きつい」などという文言が出てきます。

生産技術者は基本的に工場で勤務することになるため、なんとなくきつい・汚い・危険の3Kを想像する人が多いのでしょう。ただ、生産技術者は実際にこの3Kの仕事をすることは少なく、どちらかというと頭を使う知的ハードワークです。生産技術といわれても具体的にどんな仕事をするのかわからないのでこういった印象が根付いているのではないかと思います。

この本や、私のYouTubeチャンネルを見ていただければ生産技術職がどんな仕事かわかりますが、私は全く作るモノが違うメーカー2社の生産技術職を経験した上で、きついと思ったことはほとんどありません。具体的には、休みはしっかり取れていました（有給はほぼフルで消化）し、ほとんど残業がない月もあったぐらいです。

汚れ仕事もないですし、もちろん危険な仕事もありません。ただし生産技術の仕事は企業によって大きく変わってくる部分があるので一概にはいえませんが、私の経験上、いわゆる大企業で生産技術職に就いておけばネットで書かれているようなブラックな労働をさせられる確率は低いでしょう。基本的に人が少ない中小企業では、生産技術の人はどんな業務も行う「なんでも屋」と化してしまう傾向にあるため、大企業のような生産技術者が複数人いるところで働くことをおすすめします。

こういった理由で転職市場において生産技術という職種はかなり価値のあるものだといえるので、将来転職を視野に入れて企業を選ぶ方は大企業の生産技術職を目指すことをおすすめします。

予算が少ない

これは中小企業にありがちです。基本的に生産技術職は生産ラインの効率化などのために設備を導入することが主な業務になりますので、日常的に会社のお金を使います。お金を使う仕事なのに、予算が少ないとどうなるのでしょうか。こうなると様々な弊害が発生するのですが、例えば見積もりを依頼する際に、相当無理な価格交渉をしなければならなかったり、そもそも買いたいものが買えない、導入したいシステムを入れることができない、中国製などの安価な設備を調達しなければならない、などの弊害が起こります。無理な価格交渉をすればもうこの会社とは関わりたくないと思われて、次回以降高額な見積もりを提示される可能性がありますし、買いたいものが買えない状況など生産技術が存在している意味がありません。

安い設備を入れることで故障率が上がり、生産ラインを何度も止めなければならなくなったりして逆に生産効率が落ちてしまう可能性まであります。予算が少ないと、生産技術者にとって重要な業務である「生産効率を上げるための設備・システム導入」をできないことが多くなってくるので生産技術者としての経験も積むことができません。「この予算でなんとかしろ」と言われてしまうのです。

最新の技術に触れられるというメリットを説明しましたが、触れられたところで導入するお金がないと何もできませんからね。それこそただ展示会に遊びに行っているようなものです。

その点、大企業は中小企業と比べてキャッシュフローに余裕があるので、設備投資にお金をかけることができ、生産技術者としてできることが増えます。ただし、かなり予算に厳しい企業もあるのでそこは正直入ってみないとわかりません。

私が経験した会社でも、予算に対する考え方が全く異なっており、生産技術者がある程度の決裁権を持って自由に使える企業と、与えられた予算がかなり厳しく、絶対にその予算枠で収めろという企業両方を経験しています。生産技術者としての経験を積めるのは前者だと私は思います。

後者の企業では、「いかにその予算内で収めるかが生産技術者としての技量を試される」と言われたことがありますが、私はそうは思いません。ただ無理な価格交渉をしたり、現状より安くするための仕様を考えることに大した技量は必要ないと考えているからです。

それよりも自分で工場の生産効率を高める施策を考えて、投資効果を見込んだ上で導入まで行う、という一連の流れを多く経験できる生産技術者の方がスキルアップできることでしょう。そのために予算の枠というのは非常に重要なものになってくるのです。

しょうもない仕事を頼まれる

しょうもない仕事といったら怒られるかもしれませんが、本当にしょうもないので紹介します。

これは現場のオペレーターが正社員の場合によくあるのですが、事務所でのんびり生産技術者が仕事をしていると、現場から携帯に電話がかかってきます。そもそも現場に呼び出されるというのは生産技術職ではよくあることなのですが、この呼び出す内容に問題があるものです。

まともな呼び出しなら、設備から変な音が鳴っているとか、配管に穴が空いているから補修依頼を出してほしい、みたいなことが多いです。しかし、現場の人からは、「パソコンの使い方がわからない」「欲しい部品の型式がわからない」みたいな、（自分で調べろよ……）と思うようなことでも電話をかけて呼び出してくるのです。

電話越しで調べ方などを伝えようとしても、「よくわからんから来て」と言われてイライラしながら向かうことになります。（しっかり人に迷惑をかけているという意識が垣間見えれば、こちらとしてもしょうがないか……）と思うのですが、呼び出しておいて横柄な態度を取る人もいるので厄介ですね。人の時間を何だと思っているのでしょうか。

今までで一番よくあった呼び出しが、「急にネットにつながらなくなったから来て」ですね。90％の確率で一番近いＨＵＢからＬＡＮケーブルが抜けているだけです。ひどい人は自分のパソコンからＬＡＮケーブルが抜けていることにも気づきません。半分ぐらいの人が自分で調べる前に電話をかけてきて、解決してもらおうとするのです。

なぜ自分の仕事でいっぱいなのに、パソコン教室の先生のようなことをしなければならないのか、と何度も思ったことがあります。ただ、これらを全部自分で調べてくださいと突っぱねてしまうと、今度自分が何か教わろうとしたときに無視されることもあり得るので、できればしっかり対応しておいた方がいいです。

現場の人はパソコンやスマホに詳しくなくても、設備については詳しかったり、生産ラインでのトラブル時にありがたい助言をくださることがあるので、学ぶこともたくさんあります。

こういったギブアンドテイクの精神が非常に重要で、自分の仕事を円滑に進めるためにも、しょうもないことを頼まれてもスピーディにこなす意識が生産技術者には必要です。

ただ、稀に全くギブしないが、テイクばっかり求めてくる上に、先ほど記載したような最高にしょうもない内容で呼び出してくる輩もいますので、そんな人はギブしてあげる必要はないですね。こちらにもメリットがありませんから。

書類業務が割と多い

皆さんは生産技術者の仕事にどんなイメージを抱いているでしょうか。

設備の寸法を取ったり、施工会社と打ち合わせをしたりと、現場に出ているイメージが強いかもしれませんが、実は書類業務の割合の方が多いです。トラブルが発生したときなどは現場にいる時間の方が長くなりますが、普段は事務所にいる時間の方が多いですね。生産技術が行う書類業務には以下のようなものがあります。

- 発注業務
- 稟議書作成
- 予算計画の作成
- 契約書の作成
- 行政への提出書類作成

●会議資料作成

など、挙げればキリがないほど書類業務があります。生産技術職は会社によって割り振られる業務内容が全然違うので、上記の書類を作成したことがない生産技術者もいるかもしれませんし、もっと幅広く仕事をしている生産技術者もいます。

私が最も面倒だと感じていたのは、行政へ提出する書類作成です。

例えば、発電機を設置したいと考えたときに、設置にあたって消防や経済産業省などに書類を提出しなければいけません。発電機の設置に関する届出や、保安規定の届出、電気設備設置届、建築確認申請、大気汚染防止法に関する届出など、多岐にわたります。全て簡単に作成できればいいのですが、中にはいろんな数式で計算までしないといけない届出も存在するので非常に手間がかかります。

最も厄介なのが、メールで対応してくれない行政の職員もいるということです。メールアドレスを持っているくせに、なぜか頑なに「窓口に来てください。そうでないと対応できません」といった訳のわからない対応をされることがあります。そのせいで、一度提出しに行って確認後不備があったので再提出のためにまた向かうという手間を何度か取られたことがあります。

先にこちらからＰＤＦで提出し、確認してもらえれば済む話なのになぜそれができないのでしょうか。不思議で仕方ありません（もちろんメール等で先に確認してくれる人もいます）。とにかく行政へ届出をするというのは非常に手間がかかる仕事です。

他にも書類業務は多くありますが、さすがに総務や経理のように一日中パソコンに向かって仕事するほど書類業務が多いわけではないので、そういった仕事が苦痛な人には生産技術職が向いていると思います。

パソコンでの作業に疲れたら現場に行く仕事に切り替え、少し歩いてリフレッシュするということもよくやっていました。自由に自分の席を離れても休憩しているように見えないのが生産技術職のいいところかもしれません。

ハンコリレーしがち

皆さんの会社ではハンコをよく使いますか？

書類業務で面倒くさいのがこのハンコリレーです。先ほど説明したように、生産技術職にはたくさんの書類業務がありますが、その分承認を求めるためハンコを押してもらう回数がかなり多くなります。何かを発注するときや稟議書、予算計画を作成するときは会社の資金に関わる重要な事柄なので上司や場長（工場では工場長）の承認が必要ですし、契約書や行政への提出書類も工場から出しているので場長の承認が必要です。

非常に規模の小さい工場や、あなたがある程度のポジションに就いていて、自分の次の承認が場長であればすぐに終わるので問題ないのですが、社員数が多く、自分の上に2、3人挟んで場長というパターンだと決裁までが非常に遅くなります。

この複数人の承認が必要であることを「ハンコリレー」と呼んでいるのですが、これにより決裁までが遅くなる理由は多くあります。

まず承認する側も普段の業務で忙しいのですぐに確認をしてくれないことがあります。承認が必要な業務はあまり後回しにしない方がいいのですが、一度「後でいいや」と思ってしまい、そのまま忘れて部下に催促されるまで思い出さない厄介な上司もいます。さらには紙で稟議書などを回覧している場合、机に埋もれて稟議書の存在が忘れ去られてしまうこともあります。急ぎで承認が必要な場合は、承認してもらう上司全員に急ぎであることを伝えた方が賢明でしょう。

あとは人によって価値基準が異なり、差し戻しをされてしまうことも多々あります。稟議書の体裁を整えるために内容と関係ないところを指摘する上司がいたり、1人目の上司が指摘した項目を言う通りに直したのにもかかわらず、2人目の上司にその項目を指摘されるなんてこともあり得ます。

この場合、1人目の上司のせいで余計な時間が取られていますよね。ハンコをたくさん並べておけばそれだけ多くの人の目を通していて、責任が分散されるので保守的な会社ほど承認の数が多いのですが、あまり内容と関係ない人まで承認フローに入っているのでほとんど確認していない人もいる始末です。

ハンコの押し方で文句を言う人もいたりと、何の生産性も上がらないこのハンコリレーから今すぐにでも脱却すべきなのではないでしょうか。

一方、上司もすっ飛ばしていきなり社長に決裁を求めることができるようにしている会社もあります。

これはその会社の社長が超優秀だからできたことではあるのですが、ぜひとも他の企業もこういった会社を真似しようとしてほしいものですね。

2 工場勤務あるある

工具の名前が覚えられない

工場では様々な部署が存在しますが、設備のメンテナンスなど、生産を続けていくために重要な部署が設備保全です。

設備保全とは、工場の設備が壊れないように点検を行ったり、壊れた設備の修理をしたり、いわゆる設備メンテナンスをする部署を指します。

設備のメンテナンスをする際に多くの工具を使うことがあるのですが、新人はその種類を覚えるだけで非常に苦労します。設備保全に配属された新人は、ＯＪＴ（オン・

ザ・ジョブ・トレーニング）で先輩や上司が何をしているか学ぶことになりますが、そのときに「メガネ取って！」などと言われます。新人はこのとき、（ん？　メガネ？目が悪いのか？　それとも目を保護するためのものがあるのか……？）と考えます。いろいろと考えながらそれっぽいものを探している間に先輩や上司から、「これやこれ！」と言われてしまいます。

教えてもらっていないのにわかるわけがないと普通は思うでしょうが、そんなことを考えず、工業高校出身だから知っていて当然と思っている現場の人も厄介なことに多いのです（工業高校出身者は地元の工場に就職することが多い）。

さらに厄介なのが、この「メガネ」と呼ばれているものは正式名称を「メガネレンチ」と呼びますが、現場の人は基本的にこの正規名称をあまり使いません。「モンキーレンチ」なら「モンキー」、「インパクトドライバー」なら「インパクト」と略して呼びます。これぐらいならまだいいのですが、研磨や切断に利用する電動工具である「ディスクグラインダー」を「サンダー」と呼んだり、荷物を固定したり締め付けたりする「ラッシングベルト」は「ガッチャ」と呼ばれたりします。ただでさえ種類が多いのに呼び方が複数あるとわけがわからなくなりますよね。

生産技術者として勤務している私も、保全の作業を手伝う場面があり、言われているものがどれかわからず現場の人にイライラされたことがあります。現場の人が最初から丁寧に教えてくれれば何の問題もないのですが、急なトラブルなどすぐに設備を復旧しなければいけないようなタイミングでは作業者も余裕がないので言い方が強くなったりすることが多いです。

おそらく数か月間保全の業務を手伝っていれば工具の名前や種類、どういったタイミングで使用するかなど自然に覚えていきますので、そこまで心配する必要はありません。ただし、生産技術者のような普段工具を使用する頻度は少ないが、全く使わないこともないような場合は、しっかりと自分で勉強しておく必要があります。

各個人でサボり場所がある

生産技術職や品質管理職など、工場の現場に行く必要はあるものの基本的に事務所で働いている人は割と自分だけのサボり場所を持っています。

読者の皆さんには、「お前がサボっていただけではないか」と思われたかもしれませんが、私は先輩方にサボり場所を教えていただきましたし、現場巡回していたらサボっている人と遭遇したこともあります。

工場には、普段人が入らないような場所が存在しており、人が来ないため堂々と休憩できるのです。私がたまに（普段は忙しいので頻繁にはサボりません。あくまでたまにです）使っていたサボり場所は電気室です。電気室とは、電気設備が格納された部屋のことを指しますが、普段はあまり人が来るような場所ではありません。私は電気関係の仕事もやっていたので他の人よりは電気室に行く機会が多かったのですが、電気室のメリットといえば、なんといってもクーラーが効いていることでした。

電気設備が格納されているので、電気の熱で部屋の温度が上がりやすいため、電気設備が熱くなりすぎないようにクーラーを設置しているのです。別の話でも紹介しますが、夏場の現場は地獄のように熱いため、クーラーが効いている部屋は天国です。しかも人があまり来ないので、休憩場所としてはうってつけでしたね。

普通、自分の席から退席している時間が長ければサボりだと疑われてしまいそうなものですが、生産技術者の場合は普段からよく現場に足を運びますし、長い時であれば数時間ほど事務所に戻ってこないことがあるので、長時間離席していてもなんら不思議ではありません。

生産ラインに張り付いて作業している現場の人にはこんなことできませんよね。

その点生産技術者は自由度があります。私の他にも電気室で休んでいる人がいたのですが、なんとダンボールを敷いて簡易ベッドを作り、寝床を確保していた猛者までいます。そんなに快適にしてしまうと1時間ぐらい寝てしまいそうなのでそこまではしませんでしたが、少し眠くて集中できないときなどは電気室で仮眠を取っていたこともありました。

生産性を上げるための仮眠ですから、仕方ありませんね。ずっと事務所内で作業している方も、長時間トイレにこもって休憩していたり、喫煙者であればタバコ休憩に行きますし、それと同じです。なぜ喫煙者だけ堂々と休憩できるのかいまだに理解できませんが、なぜなのでしょうか。私たち非喫煙者は工場内にサボり場所を作ってコソコソと休憩せざるを得ないのです。

耳栓必須

耳栓は工場内では必須アイテムです。製造するものにもよりますが、工場内は非常に音がうるさくなっています。金属を切断したり、機械の稼働音などで常に騒音が発生している現場も少なくないでしょう。

音の大きさを説明するためにはdB（デシベル）という単位を使いますが、皆さんが普段働いているオフィスのような場所ではおおよそ40～50dB程度といわれています。走行中の電車内や、パチンコ店の店内などは80dB程度あり、カラオケの部屋は90dB程度にもなります。なんとこの90dB以上の音が常に発生している現場もあります。金属加工をするために、プレス機を設置している場所はなんと１００dB以上。とんでもない騒音です。常にパチンコ店の店内のような騒音が発生する場所で、長時間勤務するというのは、想像するだけでもストレスが溜まりそうですよね。

実際、騒音によって聴力の低下を招いたり、心理的なストレスを感じたりと様々な影響があります。この人体への影響を減らすためにも、耳栓は必須なのです。90dBの騒音が発生する現場で耳栓をつけると、60dB程度まで音の大きさが抑えられますので、その効果が大きいことがわかると思います。工場では6か月以内ごとに1回、作業環境測定が求められており、そのタイミングで騒音を測定します。

この測定によって現場の音の大きさを判断して管理区分を設け、場所によっては耳栓の着用を義務化しているところもあります。音がうるさい場所では耳栓はつけた方がいいのですが、デメリットもあります。それは作業者同士の話し声が聞こえにくくなるという点で、指示伝達を聞き漏らしたり、作業中の掛け声が聞こえず怪我につながるということも考えられます。

したがって耳栓を着用している現場では馬鹿でかい声で話している光景をよく見ます。声が小さい人は話しているのに相手に聞こえていないので、無視されていると勘違いしてしまうかもしれません。

このように耳栓をつけることによるデメリットもありますので、あらかじめ危険がないことや、仕事に支障が出ないということを確認して、耳栓を着用するようにしましょう。

どんな耳栓を選べばいいかという話もありますが、騒音が発生する工場ではすでに耳栓が用意されている場合が多いので、自分で選ぶ必要はないでしょう。自分で選ばなければならない場合は、耳栓の遮音性能を表す「NRR」という単位を参考にするとよいでしょう。NRR値が高いほど遮音性能が高い耳栓であるということになります。30以上あるものを選んでおけば十分な性能といえるでしょう。

ヘッドライトがつけっぱなし

工場の現場に入る際は、ヘルメットを着用しなければならないことが多いです。帽子だけという工場もありますが、私が勤務している食品工場ではヘアネットとヘルメットは必須でした。

現場では設備の細かい部分を見ながら作業したり、暗めの場所で作業したりすることがあるので、ライトを持っていくと便利なのですが、そこでヘッドライトの登場です。ヘルメットに装着するタイプのライトですが、手でライトを持っている必要がないので非常に便利です。安いものだと1000円ぐらいから買えるものもあります。

暗い場所で作業をするときに、このヘッドライトを点けて作業するのですが、作業終了後にライトを消灯することを忘れてしまうことが多々あります。消灯し忘れたまま何食わぬ顔で歩いていると、すれ違う人に「まぶしっ」と言われて気づくわけですね。ヘルメットに常にヘッドライトを装着している人は何度か経験しているのではないでしょうか。

あとヘッドライトのあるあるでいうと、エアーヘッドライトをしてしまうということです。これはどういうことかというと、普段自分のヘルメットにヘッドライトを装着していて、ライトの部分をカチカチ押すことで点灯、消灯を繰り返しているのですが、たまに来客用のヘルメットを被っていたり、たまたまヘッドライトを装着していないときなどに暗いところへ行くと、自然に頭に手が伸びてヘッドライトを点灯させる動作をしてしまうことがあります。

普段から点灯、消灯の動作をしすぎているせいで、暗かったら反射的に頭の部分を押す動作をしてしまいます。頭付近を手でカチカチする動作をやってから、「あ、なかった」となったことがある人は割といるのではないでしょうか。

ちなみに、ヘッドライトにはバッテリーが付いており、それが少し重いので常に頭に乗っていると首に負担がかかります。したがって普段そういった暗い場所で作業するような機会が少ない人は無理に購入する必要はないでしょう。

ヘッドライトではなく、磁石で壁に固定できるタイプのライトを使用する人も多いですね。これも手でライトを持っている必要がないので便利です。

私服通勤

工場勤務における非常に大きなメリットです。工場では、基本的に作業着に着替えるので、通勤時にスーツなどを着用する必要がなく、多くの工場は私服で通勤してよいことになっています。私にとってこの恩恵は非常に大きいと感じていました。

私はかなりの汗かきで、夏場に出張のためスーツを着ることがありましたが、歩いているだけで滝のような汗が出てきていました。基本的に私にとって夏場のビジネスカジュアルは、半袖のカッターシャツでしたが、それでもカッターシャツの下に1枚Tシャツを着なければならないし、革靴を履いているので非常に足が蒸れます。

就職活動の時期はさらに地獄でした。6月中旬まで就職活動をしていたのですが、基本的に面接時にはジャケットを羽織って行くので、部屋に入る前から汗がすごいことになっていて、面接官には「大丈夫？　脱いでいいよ」と心配される始末でした。

そういった過去があったので絶対にスーツを着なければならないような仕事はしたくないと思い、工場勤務を選びました。工場への通勤時は、上はシャツ1枚、下はユニクロの軽くて涼しいズボン、靴は通気性のいいスニーカーです。工場への通勤なので服装に気を遣う必要がないですから、同じ服を複数枚持っておけば何を着るかということにいちいち頭のリソースを割かなくても大丈夫です。

カッターシャツとは違い、ボタンを留める必要もないし、ベルトを締める必要もないので着替えもすぐに終わり、朝の時短が図れます。冬はあったかいジャージのようなズボンで通勤していましたし、なんでもありなのです（サンダルで通勤してきて注意されている人はいましたが）。

夏場の電車で、必死に汗を拭いているのになぜかジャケットを羽織っているサラリーマンを見たことがありませんか？　工場勤務であれば、あのような意味不明な状態になることはほとんどありません。

服装が自由ということで、かなりストレスが溜まりにくくなっていると思います。私が勤務している工場にはシャワー室が付いているので、朝の通勤で数キロランニングしてきて、着いたらシャワーを浴びて着替えている人もいましたね。

今は世の中的に私服などの軽い服装で通勤ＯＫとする会社も増えてきていますが、まだまだ通勤時間の電車にはスーツの人の割合の方が多いような気がします。少なくとも営業職の場合はお客さんのところに訪問するのでスーツじゃないとダメですしね。中には作業着で通勤ＯＫの工場もありますので、その場合着替えすらいらないのでものすごく楽ですよね。車通勤なら作業着でも人目を気にしなくてもいいので、工場勤務・車通勤ＯＫ・作業着通勤ＯＫが最強の組み合わせだと私は思います。

定時が早い（朝も早い）

先に言っておきますが、これは忙しい人は当てはまりません。

派遣社員や、正社員でも現場採用されている方々は定時で帰れることが多いのですが、工場の定時は早く、16時45分とか17時がほとんどです。定時であれば空がまだ明るいうちに帰れます。私にとって早く帰れる職場は非常に魅力的で、帰ってからの余暇時間が多いため副業に専念したり、だらだらとYouTubeやNetflixを見る時間を十分に確保できます。

平日は夜遅くまで仕事して、帰って寝るだけという、ただ家と職場の往復をしている人も少なくないと思いますが、工場勤務であればそのようになってしまう可能性は低いように思います。職場の近くに住んで通勤時間を30分以内にすると、17時15分に家に帰れます。私はその時間に帰宅していることが結構ありました。運動もできるし、副業もできるし、だらだらもできるし最高です。

やはり時間があるというのは心身共に大きく影響し、ストレスも溜まりにくいように感じます。世間一般的に工場勤務はあまりいい目で見られないようですが、毎日遅くまで精神をすり減らして働いているよりよっぽど健康的ではないかと思います。

ただし、定時が早いということは朝も早いです。

工場の始業は基本8時なので、6時台には起きないといけません。職場から家が遠い人は5時起きもあり得ます。朝が弱い人にとってはかなり地獄ですよね。幸い私はそこまで朝起きることにつらさを感じませんし、帰宅が早いので寝るのも22時頃ですから、十分に睡眠時間も確保できています。早起きが苦手な人は工場勤務に向いていないかもしれませんね。

ただ、工場勤務のおかげで早起きの習慣がつくと、休日も非常に有意義に過ごすことができます。私は休日もだいたい7時前に目が覚めるので、7時過ぎに近くの喫茶店に行ってモーニングを堪能しながら副業に勤しんでいます。この書籍も基本朝に書いていることが多いですね。やはり朝は誰にも邪魔されないですし、しっかり睡眠を取っているので集中力がすごく高いですね。

工場勤務で早寝早起きの習慣を身につけると体にもいいですし、活動的な時間が増えるのでおすすめです。最近工場勤務のYouTuberが増えてきていますが、工場勤務（特に派遣社員）は平日も余暇時間が多いので、その時間を活かしている人が多いと思います。

私もそのうちの一人ですし、工場勤務は副業に手を出す暇があるので、実は今の時代に合った働き方なのかもしれませんね。この本を読んでいる皆さんは工場勤務という職場環境を活かしてぜひいろいろなことに挑戦してみてください。

ラジオ体操がある

皆さんはラジオ体操をしたことがありますか？　今現在20歳前後の若い方だと、ラジオ体操をまともにやったことのない人も多いのではないでしょうか。今どき小学校でもラジオ体操なんかあんまりやらないですもんね。

ラジオ体操末経験者の皆さん、朗報です。なんと工場勤務になると毎日ラジオ体操をしてから始業を迎えることができます。健康的ですね。ということで、ほとんどの工場は朝ラジオ体操の音楽が流れています。工場勤務は体を動かすので、準備運動をすることで怪我をする確率を減らそうという意図があるから行われているのだろうと思いますが、実は真面目にやるとラジオ体操にはすごい効果があるようです。

ラジオ体操には普段あまり使わないような関節、筋肉の動きが入っていて、それによって筋肉の柔軟性が保たれて血行がよくなったり、体が引き締まったりといった効果が期待できるそうです。左右均等の動きが多いことから、体の歪みを正してバランスよく整える効果もあるなどといわれています。

ちなみに私はそのようなメリットを一切感じたことはありませんが。そもそも始業のタイミングなんて一番しんどい時間帯なのに、朝早くから全力で体を動かそうとは思いません。

私の体感ですが、全力でラジオ体操している人は3%ぐらいです。真面目にやれば効果が大きいかもしれませんが、結局みんな真面目にやらないのでほとんどやっている意味がありません。

ただ、体の切り替えの効果はあるように感じます。多少なりとも体を動かしているので、朝の休息モードから活動モードにしっかりと切り替える効果があると思います。始業時間前にラジオ体操があるから仕事モードにスイッチを切り替えることができると言っている人もいましたね。

ちなみに、ラジオ体操には第一と第二がありますが、工場は第一でやることが多いです。第二は少し運動強度が高いようですね。毎朝必ずラジオ体操をしているので、工場勤務の人はラジオ体操第一が体に染み付いており、一度始まったら途中で音楽を止められても最後まで続けることができます。体を動かすからラジオ体操をするのはわかりますが、工場には常に事務所でデスクワークをしている経理や総務の人たちもおり、なぜかその方たちも全員ラジオ体操をしています。

作業着ではない、完全に事務職の服装でラジオ体操をしているところを見られるのは工場勤務ならではだと思います。別に特段見たいものでもありませんが。ラジオ体操が世界一嫌いだという人は絶対に工場で働かないでください。

9割が男

学生時代になかなか女の子と遊ぶことができず、「社会人になったらお金も稼げるし、いっぱい遊ぶぞ！」と意気込んでいる方。工場勤務は絶対にやめておいた方がいいです。

ご想像の通り、工場勤務の男性比率は非常に高いです。ライン作業で派遣社員を雇っているような工場では女性の比率もまぁまぁ高いですが、東南アジア人やおばちゃんがほとんどですね。若い女性は本当に少ないです。

まず生産技術者や品質管理職など、大卒で工場勤務になる人の場合ですが、生産技術者は工学部出身者が非常に多く、そもそも工学部の男性比率が9割ぐらいのところが多いので必然的に男性が多くなります。それと比べて、品質管理職はまだ女性の割合が多いですが、人数が少ないので工場全体の割合としては非常に小さくなります。

男性目線では非常に残念な話ですが、女性にとっては悪いことばかりではありませ

ん。大卒で大企業の工場勤務であれば、将来そこそこの暮らしができるほどの年収をもらえますので、そういった男性を狙いやすかったり、女性であるだけで仕事を進めやすいといったこともあります。したがって女性にとっては多少メリットがあるとは思います。

　次にライン作業で派遣社員を雇っている場合ですが、ライン作業であれば力が不要な仕事も多いので、女性は多く雇われます。自動車の生産ラインなどでは、淡々とネジを締めていったり、電気配線のコネクタを接続していったりするような仕事がありますので、そういったラインでは男女問わず雇用されています。

「派遣だったら女の子と仲良くなれる！」と思った方がいるかもしれませんが、こういったライン作業は「無」になってやっている場合が多いので、和気あいあいと話しながら作業するなどの光景は見られません。非常に殺伐とした雰囲気です。休憩時間も誰とも話さず一人で休憩する人が多いですね。そもそも人と話すのが面倒なので工場で働いているという人も多いですから、こうなってしまうのは当然です。

　一方、食品工場などでよくあるのは非常に気が強いパートのおばちゃんがいることですね。その人に逆らってしまうともうその職場でまともに仕事ができなくなってしまうほど力を持っているおばちゃんもいます。少しでも若い女性と一緒の職場で仕事をしたいと考えている方は工場勤務だけは避けた方がよさそうですね。

ギャンブラーが多い

工場のギャンブラー率は異常です。特に喫煙所は半分ぐらいギャンブルの話が飛び交っていますね。競馬や麻雀、一番多いのがパチンコでしょうか。こんなにもギャンブルの話が飛び交うのには理由があります。

最も大きい要素は、女性が少ないということです。ギャンブルの話って、男同士共通のテーマで盛り上がりますよね。しかも前日に大勝ちしているとなれば、その話をわかる人にしたいものです。今までパチンコをやったことがない人も、そのような大勝ちした話を聞いて興味を持つでしょうし、周りが盛り上がっているのに一人だけ話に入れないのは寂しいですよね。

そうやって「1回ぐらいやってみるか」と思って始めるともう沼にハマっています。しかも初回にビギナーズラックで勝ったりしてしまった暁には仕事上がりで毎日パチンコ店、土日もパチンコ店と、どうしようもない人間が爆誕してしまいます。

あとは先輩に一緒に連れていかれて、そこからハマってしまった人も結構いるでしょうね。先輩に打ち方など教えてもらって覚えていくのですが、その教えてくれた先輩も、昔は先輩に教えてもらっていたりと、受け継がれていくのです。そうやって工場にはギャンブラーがどんどん増えていきます。日曜日に出勤している場合は、休憩室のテレビで競馬を見ている人もいますね。もはや工場がギャンブル会場と化していました。

ただ、最近は喫煙所がどんどん減ってきていて、肩身が狭くなっているのでそもそも喫煙者が減っていたり、パチンコ店も全席禁煙になっていますので、そういった話をする場が少し減ったようにも感じます（それでも普通の職場よりは多いですが）。

昔のように、酒、女、ギャンブルの話がしたいような人は工場勤務をおすすめします。ちなみに、私もパチンコや麻雀はできますので、現場の人とそういった会話をよくしていましたね。それで現場の人と会話できるおかげで仲良くなり、仕事を頼みやすくなったという経験もありますので、悪いことばかりではありません。

ただ、工場の休憩所は思っているよりも殺伐としていて、誰ともしゃべらずに全員スマホをいじっているパターンもありますので、ギャンブルができれば和気あいあいとできるとは思わない方がいいでしょう。やはりどちらかというと、50代ぐらいの方々は休憩所でスマホをいじっているよりは、同じ年代の人とギャンブルの話で盛り上がっていることが多いですね。若い人がそういうところに入っていけると結構気に入られますので、権力のある人を味方につけられてお得です。

現場のにおいがきつい

工場の職場環境があまりよくないと言われる1つの理由として、現場のにおいが挙げられます。

特に食品工場では様々なにおいが発生しており、苦手な人は本当にキツイと思いま

す。食品工場のにおいといっても様々なものがあり、惣菜や弁当を作る工場ではいろいろな食品のにおいが混ざって独特なにおいが発生します。水産加工系の工場では魚の生ぐさいにおいで充満しており、これは苦手な方が多いでしょうね。

あとはお菓子やケーキの工場は非常に甘いにおいが充満しています。これは一見問題ないのでは？　と思うかもしれませんが、この甘ったるいにおいを長時間嗅ぐとだんだん嫌なにおいに思えてくることが多いです。慣れるのではなく、嫌になるのです。工場に入って、いつものにおいがすると、あぁ、今から仕事か……と憂鬱な気分になってしまいます。しかもこういった強いにおいは、服や体に染み付いてしまうので、帰宅してからもにおいに悩まされる可能性があります。

食品工場以外にもにおいがきつい工場はあって、例えばゴムの製品を扱う工場ではゴム特有のにおいに包まれていますし、製紙工場では製造する工程で硫化物が発生するので非常ににおいがきついです。印刷工場ではインクなど特有の有機溶剤のにおいが発生しており、気分が悪くなってしまう人もいるでしょう。逆に、あまりにおいが発生しない工場としては、家電製品や電子部品を作っている工場はほとんどにおいが発生しません。

このように工場によって様々なにおいが発生しているので、工場勤務に応募する際はその現場のにおいが自分にとって不快かどうかということはしっかり確認しておいた方がいいですね。

かといって、食品のにおいがダメだからその工場で勤務できないということはありません。工場の中でも様々な工程があり、最終工程である梱包の部署や、箱詰めをするような部署であればにおいは全く気になりません。食品が流れてくるラインで作業している人も、冷凍のものを扱っていれば、においは強く感じないでしょう。

調理系の部署になってしまうと必ずにおいは発生しますので、においが苦手な人は部署もしっかりと選ぶ必要があります。こういうのはだいたい求人情報に記載されていますので、どの部署で勤務するかはしっかりと確認しておきましょう。

あと、せっかくにおいが発生しない工場で働いていても、人がにおいを発する場合があります。要はくさい人が多いってことですね。

工場勤務は体を動かす仕事が多く、現場に空調が整っていないことも多いので、汗をかいてしまうのは仕方ないと思います。しかし、全く汗のにおいのケアをしていない人の方が多いので、すぐ隣で作業する人が異常に汗臭かったりすることがあります。こればっかりは自分でコントロールできないので、そのような悲惨な状況になってしまった場合はとにかく作業場所を替えてもらうことを交渉するしかないでしょうね。においはなかなか指摘できませんので、一人ひとりが意識していくことが重要です。

私のおすすめは、脇の下には制汗剤、体にはAgスプレーをしておくことですね。体臭がきつい人もだいぶ抑えられると思います。

時間の流れが遅い

単純な繰り返し作業がある工場ではこの現象がよく起こります。この「繰り返しの作業」というのは、具体的に以下のような作業が挙げられます。

●制御盤等の配線作業

●電子回路の基盤製造
●自動車部品や家電の組み立て
●仕分け・梱包作業
●検査・検品作業

制御盤の配線作業、電子回路の基盤製造などは自身のスピードによって完成させる数量が変わってきますが、早く完成させても定時まで帰れないのであえてゆっくり作業したり、早く終わらせた分休憩したりする人もいます。

これは繰り返し作業の中でもマシな部類で、きついのはライン作業ですね。組み立て作業や検品作業はラインの速度に依存することが多く、モノが流れてきてから次のモノが流れて来るまでに作業を終わらせないといけません。したがって同じような速度で同じ作業を7~8時間繰り返すということになります。

同じ作業を繰り返すことで、次に起こることが予測できてしまい、時間の流れが遅く感じてしまいます。一度時計を見て、「早く終わらないかなぁ」と思いながらしばらく経った後に時計を見るとびっくりするぐらい時間が経っていない経験は誰しもがあると思います。1時間経ったと思ったらまだ20分しか経っていないなんてことも工場勤務ならよく起こります。

私もライン作業には何度か入ったことがありますが、普段事務所で考え事をしながら仕事しているときよりも、体感3倍ぐらい時間の進み方が遅かったような気がします。目の前のことに集中しているかどうかでこの体感は変わってくるのですが、ライン作業は誰でもできて難しくない作業であることが多いので、特に集中する必要もないのですよね。したがってライン作業中はいろんな考え事、妄想をして過ごしている人が多いと思います。

私の場合は作業中にずっとYouTubeのネタを考えていました（それでも全然時間は経ってくれません）。自身のスピードによって完成量が変わるような作業は、1時間以内に何個終わらせる、といったタイムアタックを取り入れて、ゲーム感覚で進めると時間の進みが速かったりすることがあるのでおすすめです。

この繰り返し作業が嫌で工場勤務を避ける方は多いですが、逆に人とコミュニケーションを取りたくなかったり、何も考えずに淡々とできる仕事をしたい人にはライン作業は向いているでしょう。ただ、やはり頭を使わない仕事は給料が低くなりがちなので、それを覚悟しておかないとライン作業はやってられません。

暑すぎる

工場ではよく暑さの話が挙げられます。工場で勤務したことのある人はよくわかると思いますが、絶望的に暑い現場が多いです。

これには様々な原因がありますが、まず空調設備を導入できないことです。導入できない原因としては、管理者や経営者の現場意識が低いこと、予算がないことが挙げられます。現場から暑いという声を上げても、工場長などの管理者が現場に顔を出すことは少ないので、実際にどれぐらい暑いかということがわかっていない場合があります。

現場巡回を頻繁に行う工場長もいますが、実際にその場で長時間作業するわけではないので、本当のつらさがわかりません。現場が暑かろうが、自分たちがよければそれでいいというとんでもない工場長も世の中にはいます。そういった工場ではなんの対策もないまま、現場が疲弊してしまいますね。

あとは予算などのお金についてです。現場が暑いままである理由に最も影響しているのがこの予算の話です。現場の広い空間を涼しくするというのは、莫大な投資が必要になります。広ければ広いほど、全体的に冷やすのが難しくなるので、空調にはお金をかけない工場が多いのです。

安全が第一といわれているのに、実態はこんなもんです。現場にはモーターなど発熱する設備も置いているので、外よりも暑く、40℃を超えるような現場も多々あります。こんな場所で、1~2時間作業してしまうと熱中症のリスクがかなり高くなりますよね。お金がないため、現場がこういった苦労を強いられるのです。

実は空調の効いた事務所に机がある生産技術も不利益を被ります。私の工場は人が少ないので設備全体を生産技術部門が管理していたのですが、現場の方が勤務する部屋のエアコンが真夏に故障してしまいました。室外機の部品交換が必要だったので、直るまでしばらく時間がかかる状況でしたが、もう現場のイライラは最高潮。別に私が悪いわけではないのに、「いつ直るんや！　早くしろ！」と怒鳴られる始末。暑さは本当に人のストレスを溜めるのだと実感しました。

直るまでは水冷の空調機や大型の扇風機などをかき集めてなんとか我慢してもらおうとしましたが、その程度で暑さが解消されることはなく、直るまでの間私は地獄を見ましたね。この地獄を見ている間に様々な暑さ対策グッズを試しましたが、空調服と体に装着できる保冷剤はかなり効果があるのでおすすめです。あとはこまめな水分補給と塩分補給は必須ですね。舐めていると痛い目に遭います。

ちなみに、冬は冬でめちゃくちゃ寒くなります。寒すぎて倒れることはないし、重ね着やカイロで対応できるので夏よりはまだマシですが、どっちの季節もきつい環境ですね。

とにかく工場勤務の皆さんは熱中症に気をつけてください。そして、工場の決裁権を持つ方に言いたい。現場の安全のためにも、生産技術者のためにも暑さ対策にはお金をかけてください。

3 施工会社あるある

常駐の施工会社は社員の誰よりも工場に詳しい

生産技術者は鉄鋼、建築、電気など様々な工事を施工会社に依頼しますが、大きい工場の場合だと依頼先の施工会社が常駐していることがあります。

イメージとしては、工場の敷地内に小さい事務所や、プレハブのようなものを構えて、そこに常駐しているという感じです。私たち生産技術者にとっては常駐している施工会社がいると非常に助かります。

例えば急ぎで行わなければならない工事があるときに、すぐに連絡を取り、連絡後

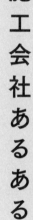

工事を行う現場に来てもらってその場で見積もりをお願いすることができます。普通の流れだと、工事が必要になったら、まず現場に来てもらって説明する必要があるので、そのための日程調整をしなければいけません。常駐だとその手間を省けますので、2～3日間が空いてしまうところを、当日に済ませたりすることもできるのですね。もう1つ大きなメリットがあり、それはトラブル発生時に享受できます。

工場では設備トラブルが発生したときに、いかに早く生産を再開できるようにするかが肝になってきます。大型の設備がダメになって、すぐに交換が必要となったときに、工場の保全人員だけでは人手不足になることがあります。そういうときに常駐の施工会社に手伝ってもらったりすることが可能です。

私は何度も常駐の施工会社に助けられました。この常駐の施工会社は、注文の度合いによっては毎日のように工場の現場に出て作業していますので、その工場の誰よりも現場に詳しい方もいらっしゃいます。

私が勤務していた工場には、複数の70代の施工会社が常駐していましたが、常駐歴が30年以上になるのでもはやその方々より現場に詳しい社員はいないレベルでした。

年数だけで考えると同じぐらい在籍している社員もいますが、施工会社はそのときに必要な工事を常に繰り返しているので、現場のアップデートと共に施工会社の情報もアップデートされています。したがって如何に歴の長い社員でも、その施工会社には経験も知識も敵わないので、非常に頼りにしていましたね。正直、その施工会社が常駐じゃなくなると工場全体が困るレベルでした（このような状況は好ましくないのですが）。

ただしデメリットもあり、基本的にこちらとしては実績のある常駐の施工会社に工事をお願いしたいため、いい具合の相見積もり先が見つからず、常駐の施工会社の独壇場になってしまいがちです。そうなってはかなり金額が高い見積もりを常に出される可能性がありますので、たまには相見積もり先を見つけてきて、常に注文するわけではないですよ、という意思表示をするのが生産技術者として必要でしょうね。

必要な知識をどの社員よりも教えてくれる

どんな企業に入社しても、社会人になりたての新入社員は右も左もわからないのが当然です。会社員の誰しもがそんな新入社員時代を過ごしているわけですが、皆さんはそんなときわからないことを誰に教わっていましたか？　多くの人は上司に教わって育っていくことが多いのではないでしょうか。もちろん、生産技術者も最初は上司にいろいろなことを教えてもらいますが、私の場合はどの社員からよりも、常駐の施工会社の方に必要な知識を教えていただきました。

入社1年目の社員も、上司や現場からこんな工事をやってくれ、と頼まれることは当然あります。そのとき施工会社に見積もりを取るのですが、新入社員なので何もわからず、対等に会話できるわけがありません。見積もりを取ろうとすると、わからないことが無限に出てくるのですが、施工会社に全部教えてもらいましょう。

基本的に私たち注文者側はお客さんになるので、新入社員といえど、大切に扱ってくれることが多いです。そこに甘えてしまう形にはなるのですが、工場や施工に関する質問をするとものすごく丁寧な回答をいただくことができるので、非常に勉強になります。そもそも常駐の施工会社はその工場に詳しいですし、施工に関することなら相手はプロなので詳細まで教えてもらうことができます。あまりに甘えすぎて横柄な態度をとってしまったり、施工会社に迷惑をかけることがあっては今後の関係が崩れますが、しっかりと教えていただく立場ということをわきまえればどんなに質問しても嫌な顔はされません。

しかもそれで私が成長したら私が担当する工事も多くなり、その分お世話になっている施工会社に注文しますからね。逆に、あまり理解していないのにわかったフリをして施工会社と話していると、相手はだいたい察します。

（こいつあんまりわかってないな……）と思われるとあまりいい関係を築くことができなくなってしまいます。ズブズブな関係になってしまっては会社の利益に影響してしまうのでよくないですが、適度な関係を保つことで、生産技術にとって最も成長させてくれる存在が施工会社になり得るのではないかと私は考えています。

生産技術は機械、建築、電気など多岐にわたる知識が必要になります。

機械を据え付ける工事をお願いするなら、据え付けの仕方をお願いする施工会社に詳しく聞く。階段の製作をお願いするなら建築基準法に則った寸法を聞く。電気配線工事をお願いするなら配線の太さをどうやって決めるか聞く。

私はこんなふうに生産技術にとって必要な知識を蓄えてきて、間違いなくその知識は活かされていると感じますので、生産技術者の皆さんも施工会社とは綿密にコミュニケーションを取ることをおすすめします。

年始の挨拶第一号は施工会社

生産技術は工場のラインが止まっているときに工事予定を入れないといけないので、休日出勤があります。さらに、お盆や年末年始などの長期休暇は工場も止まっていることが多く、施工期間が長い工事はそのタイミングで入れるため生産技術者も出勤する場合があります。

私は年末年始に合計5日間かかる工事をしたことがあり、そのときは全て出勤していたので休みがありませんでした（「休日出勤あるある」で説明しますが、代休が取れるので休みが少なくなるわけではありません）。12月31日の夕方ごろに仕事が終わり、施工会社の皆様に「よいお年を」と言って帰路に就きます。帰宅途中は大晦日の雰囲気といいますか、街が完全に浮かれているような雰囲気に思えてきて、明日も仕事かと考えると少し寂しい気持ちになりましたね。そして新年となります。

私はそのとき独身でしたので、誰に挨拶するわけでもなく、いつも通り朝8時前に出勤し、準備を進めます。8時過ぎに施工会社が来られて、半日前に「よいお年を」と言ったばかりなのに「あけましておめでとうございます。今年もよろしくお願いします」と挨拶をしました。まさか社会人になって、年始の挨拶初っ端が仕事の関係者になるとは思っていませんでした。工場自体は稼働が止まっているので、私と施工会社以外は誰もいません。皆さん各々の年始を過ごしているのです。

私は普段、土日などの多くの会社員が基本休んでいるタイミングで働くことに抵抗はなかったのですが、さすがにこのときは休んでいる人たちが羨ましく思えました。でもよくよく考えると、年末年始でもチェーンの飲食店や、コンビニ、漫画喫茶など、いろんなお店が営業しているので、年末年始も働いている人はたくさんいるのですよね。私はこのとき初めて年末年始も働く人たちに感謝の気持ちが芽生えました。

ただ、年末年始に働くメリットもあります。年末年始は働きたくない人が多いので、その分時給や給料を上げる傾向にあります。

私が勤務していたときも、12月30日から1月3日までは普通の休日出勤の1・5倍の給料が出ていたので、1月と2月にもらった給料はかなり高かったのを覚えています。とにかくお金が欲しくて稼ぎたいという人は、逆にこういった年末年始などの給与がアップするタイミングを狙って働くのがいいかもしれませんね。

ただし、私の会社はたまたま1・5倍になっていただけであって、全ての会社がそうとは限らないので、そこは会社の経理等に確認しておきましょう。

仲良くなりがち

ここまで記載した通り、生産技術者は施工会社と深い関わりを持つことが多いです。

私は毎日のように常駐の施工会社に勉強させてもらっていたので、自然とプライベートの雑談も増えて、仲良くなります。

自分が異動になるときも、多くの施工会社から餞別をいただいたので、本当にもらっていいのかと思いながら、しっかり受け取っていましたね。会社によってはコンプライアンスに引っかかったりすることもありますので、あまり大大的にもらうものではありませんが、特に問題なければありがたく受け取っておきましょう。

仲良くなるのは常駐の施工会社だけではなかったので、私が異動したりするときなどは様々な方が送別会をしてくれました。本当にいい関係を築くことができていたと思います。しっかり仕事をこなしていれば、施工会社との関係も深まっていき、お互い win-win な関係を築くことができます。

逆に、施工会社に横柄な態度を取っていたり、全然仕事をしないので施工業者に注文することがなかったりすると、仕事がやりにくくなる上に高めの見積もりを出されたりすることもあって会社のためにもならないので気をつけた方がいいですね。

施工会社も人間ですから好き嫌いがあるし、たくさん注文をくれる人かどうかが利益に関わってくるということもありますからね。生産技術者の皆さんは施工会社とのコミュニケーションの取り方に関して十分気を配っておきましょう。

4 生産技術のやりがいあるある

現場の人から感謝される

皆さんは仕事にやりがいを求めますか？

会社員として勤務するにあたって、やりがいを見つけるというのは案外難しいと思います。これから生産技術職に就こうとしている人は、生産技術者のやりがいが気になると思いますので、私が考えるやりがいを説明します。

私が感じている最も大きなやりがいは、現場からの感謝です。生産技術者は、会社（上層部）から命を受けている仕事と、現場から頼まれて行う仕事があります。前者の場合は、工場の自動化であったり、ラインの増設など、大きな投資を伴うことが多いですが、会社としてはそれが君の仕事だから従事して当然と考えている場合が多いのであまり感謝を感じることはありません。しかし、後者の場合は、現場の困りごとを解決するという仕事が多いので、感謝されることが多いです。

例えば、現場が行う棚卸作業に関してかなりの手間が発生しているとします（棚卸とは実際にある商品の数量や固定資産などを確認し、価値を確認する作業のこと）。1つひとつ確認して名簿にチェックしていくという作業をしていたときに、これをいかに簡単にできるようにするかを考えます。

これはよくある手法ですが、全ての在庫にバーコードを貼り付けてそれをバーコードリーダーで一括読み取りできるようにすると、1つひとつ確認することや、名簿にチェックしていく作業がなくなります（実際にはバーコードを一括で読み取れるようにするため置き方を考える必要があったり、簡単ではありません）。

こういった現場の作業を簡略化できたときは、やはり現場の負担が減るので非常に感謝されます。当然、会社から命を受けて行った仕事が現場につながって感謝されるということも少なくありませんが、どちらかというと、現場に出ていない上層部がよかれと思ってやったことが、現場にとって邪魔になっているというパターンの方が多いような気がしますね。こうなってしまうと生産技術者は板挟みになってしまうので大変です。

したがって工場で意思決定を行う工場長などの責任者は、ぜひとも現場によく足を運んでほしいと思います。そうすることによって、生産技術者が板挟みになることが減り、双方から感謝されるという状態になり、やりがいも増すことでしょう。

逆に現場から頼まれているものの、投資金額を考えるとあまりやらない方がいい案件などもかなりありますので、そのようなときに生産技術者のコミュニケーション力が問われますね。

数字で見える結果が出る

結果がはっきりと見えるというのは、モチベーションの面でも、評価制度の面でも重要です。

近年は企業がサステナブル社会を目指すべきという風潮も強くなっているので、生産技術は工場の環境に影響がある省エネ関連の仕事に関わることが多くなってきています（サステナブルとは「持続可能な」という意味で、資源を使いすぎずに環境を壊さない社会を作ろうということです）。

例えば、コンプレッサー（空気圧を作り出す設備）が老朽化しているため更新するとしましょう。現在様々な企業がコンプレッサーを販売していますが、世の中の流れもあって省エネ性能を推している企業が多いです。導入する側としても、更新後のコンプレッサーが省エネだから更新のための投資も回収できると説明しやすいですよね。そして、省エネ性能が高いコンプレッサーに更新した後、実際にどれぐらい省エネになっているか検証する必要があります。この検証結果によって、更新後のコンプレッサーが想定していた性能を発揮しているかどうか数字で確認できるわけです。

他にも経費削減のために製造に使用している部品の調達先を変更したり、素材を替えてみたりなどもしますので、生産技術者は会社の払うお金をどれだけ減らすことができたかという指標を確認しやすいのです。

人にもよるとは思いますが、私は自分の成果が数字ではっきり見えているとやったかいがあったと思います。結果がはっきりしているので、横展開もしやすくなります。さらに成果が数字で見えることで、上司も部下がやったことを評価しやすく、評定などにもつながることがあります。

実際私の会社では、自身が立案して実行したことが会社の経費削減に大きく寄与するなどのことがあれば、案件を遂行した人はかなり高い評価を得ることができ、ボーナスが10～20%高くなっていました。これはかなり大きいですよね。

ただし、数字ではっきりと結果が出てしまうというのはデメリットにもなり得ます。コンプレッサーの話でいうと、想定していたよりも効果が出なかったときは、「お前はどんな計算をしていたんだ」ということになりますよね。

このように失敗もはっきりと可視化されてしまうのです。メーカーが謳っている数字は大きめに見積もっていることが多いので、導入前の効果計算をする際は多少余裕を持って計算した方がいいでしょうね。

しかし、こういった工事をするときは投資効果を記載した稟議などに上司や決裁権を持つ人も承認しているはずなので、担当者だけの責任ということにはならないでしょうね。私も結果が出なかったことは多々ありましたが、それで評価が下がることはありませんでした。

このようなことからやりがいを感じることができる人は生産技術の仕事を楽しくできると思います。

5 新入社員あるある

暇

研修が終わり、「いよいよ本格的な仕事が始まるから、これから忙しくなるぞ！」と意気込んだものの、思ったより暇だったということはあると思います。

研修をしたといっても、実務的な経験は皆無なので、一から教えていかないと何もできません。したがって最初は本当に簡単な作業だけを任される場合が多いのですが、簡単な作業なのでもちろん早めに終わります。そうなったときに、新入社員は上司に「次何をすればいいですか？」と聞くのですが、上司も最初からいくつも仕事を用意できているわけではないので、なんとなく勉強になりそうな資料を渡して、「これ重要なことが書かれていて勉強になるから読んでおいて」と言われます。

私は新入社員時代も、転職して最初の1週間のうちもこの経験をしたことがあります。生産技術者であれば、安全基準書などの資料を渡されるのですが、はっきりいって特に目的もないのにただ読んでもほとんど頭に入りません。実務で安全に関する情報が必要になったときに、自分から情報を探して見つけたタイミングでようやくインプットされます。

このようなことがあるので、新入社員は最初の頃暇になってしまって、定時までどうやって時間を潰すか考えるという状態になることが多いです。

新入社員でもできそうな簡単な作業が大量にある場合は、最初から忙しい可能性もありますが、どんな難易度の、どんな量の仕事を渡すか考える上司も大変なので、新入社員が定時まで暇のないように仕事を与えるのはなかなか難しいことだと思います。教育というのはじっくり時間をかけないといけないので、自分の仕事が忙しい中仕事を与えて、そのアウトプットを評価するというのは大変ですからね。

ちなみに、生産技術の場合、新入社員に何をさせるか迷ったときにおすすめなのは、工場内の図面を持たせて巡回させるということです。新入社員はもちろん工場内のどこに何があるか全く知らない状態ですが、仕事を進めていく上でこの情報を把握しておくだけで、現場や上司の話が理解できるようになり、仕事の効率も上がります。

ただ巡回だけさせても、自分が確認した設備がどういう役割のものなのかわからないので、先輩や現場に都度質問させるのもよいでしょう。様々な人とコミュニケーションを取れるので、今後に活きてきますからね。新入社員は、常にいろんなところに疑問を持って巡回し、いろんな人に質問して1つずつその疑問を潰していくというのが、勉強になりますしコミュニケーションも取れるのでおすすめします。

最初が一番辞めたい

私は今まで会社員として働いてきて、最も辞めたかった時期が新入社員のときでした。特に5月のゴールデンウイーク最終日は本当に辞めてやろうかと思ったことを覚えています。実際に辞める勇気はないですけどね。

ただ、実際にＧＷ明けで退職してしまう新入社員は多く、とある会社でゴールデンウイーク明けに転職サイトに登録する社員が４割を超えたという報道もあったようです。

なぜこんなことが起こるのでしょうか。理由はいくつか考えられますが、一番大きいのは入社前とのギャップだと思います。入社前はバリバリ働いて充実した日々を送る社会人を想像していたのに、実際に入社してみるとネチネチ文句を言ってくる上司がいたり、いきなり大量の雑務を与えられてしまったり、教育を全然してくれない放置プレイをされたりすることがあります。

元々会社員として勤務するならこんなもんだろうと思っていれば我慢できるかもしれませんが、だいたい入社前は人事も内定者には辞められないように優しくしているもので、現実を教えてくれませんからギャップが生まれるのも当然です。そこに長期連休が重なってしまうと、最終日に明日会社へ行かなければならないのか、と思って辞める決心をすることは容易に想像できますよね。

しかも現在は多くの会社が若手不足の状況に陥っていて、若くてやる気があればどんな人でも雇いたいと思っている会社は多くなっているので辞めるハードルは下がっていると思います。

ただ、私から学生の方や新入社員に伝えたいのは、最初の1か月では何もわからないということです。仕事に関してはまだ入社したばかりなので大した仕事をもらえるはずがありませんし、上司がどんな性格で、自分と合うタイプの人なのかどうか、残業がどれくらいでその会社で働く人のワークライフバランスはどうかなどは1か月では判断できません。

もし最初の1か月が嫌で嫌で仕方なく感じてしまった場合でも、何が嫌で、どうしたら嫌じゃなくなるかということを考えて行動に移してみましょう。

私の感覚でいうと、入社後3か月間その会社の雰囲気や労働条件、福利厚生などの情報を全力で集めて、その上でこの会社では働きたくないと感じたら転職することをおすすめします。3か月あれば上司と合う・合わないもなんとなくわかってきますからね。

石の上にも三年ということわざがありますが、会社員の場合間違いなく3年も我慢する必要はありません。数年間我慢していやいや働き続けて体を壊してしまう人は本当に多いですからね。多少の我慢は必要ですが、見切りはもっと重要だと思います。

「同期最高！」と思う

皆さんは新入社員時代、「同期最高！」などと言って飲みながら会社の愚痴を言い合ったりしませんでしたか？　私はばっちりやっていましたね。

入社したての頃は、人間関係でうまくやっていけるかどうかとか、ちゃんと仕事ができるかどうかとか不安でいっぱいですよね。当然、同じ新入社員である同期もみな同じような不安を抱えています。同じ不安を持つもの同士で話すと不安が少し和らぎますよね。これによって同期が仲良くなりやすくなっていると思います。特に同期が数人しかいない場合は不安を共有できる相手が少なく、重要な情報を得る相手も少なくなるので、より仲良くなりやすいと思います。

大企業になると、同期が100人以上いて、同じ研修を同じ場所で受けることも少なくありません。私も新入社員のときに同期数十人と2週間同じ研修を受けていました。泊まり込みの研修だったので、朝昼晩ずっと同じ施設内で過ごしました。そんな2週間を過ごしていると嫌でも同期と会話しますし、よっぽど変な奴がいない限り仲良くなるのは必然だと思います。

で、数年経過したときに、ここからが本当に最高かどうかが試されるのです。そこまで気が合う仲間ではないのにもかかわらず、同期という特別感から「同期最高！」とインスタに写真をアップしている新入社員はたくさん見かけます。

そういう新入社員も多くは1〜2年経つと基本的に同期と会うことはありません。大学でも同じようなことがあり、入学したとき最初に話した人と仲良くなったつもりになってしばらく一緒にいますが、数か月すると全く別のグループに属していることがありますよね。「同期最高！」はこの現象と似たものを感じます。

私の場合、転職した後でも同期と会うことはあるので、本当に仲良くなることはもちろんありますが、大抵は浅い関係で終わることが多いです。仕事をしていく上では、同期よりも先輩や上司、後輩と仲良くなることをおすすめします。

同期は所詮傷をなめ合う関係になることが多いですが、上司や先輩は仲良くしておくと仕事に関係する重要なことを教えてくれるので、今後のキャリアに大きく関わってきますし、評定にも影響する可能性があるので自身の給与、賞与に影響することがあります。

入社1年目で、同期の雰囲気が苦手であまり馴染めず悩んでいる人は、そんなことはどうでもいいことだと考えましょう。私の経験上、同期との関係よりも、上司や先輩、後輩の方がよっぽど有益ですし長く付き合うことになるでしょう。

現場を舐めてかかる

これは大卒の工場勤務者にたまに見られます。

工場の規模にもよりますが、生産技術者は基本的に現場を知らないと話になりません。現場を知るということは、現場で実務をしている方と多く会話することになりますが、そこでの態度が悪く、現場から嫌われてしまう生産技術者を何人か見てきました。現場に嫌われた人の共通点は、なんとなく高卒・大卒などの学歴で人を区別している人ですね。本人は自覚がないのでしょうが、そういうのは口のききかたや態度に出てしまうものです。

例えば、工場の研修でラインに入って仕事をしたとします。ここで変なプライドを持っている人は、「なぜ大卒なのにこんな仕事をしているんだ」と考えてしまうようです（これは実際に口に出している人がいました）。

最初からライン作業を舐めてかかっているので、当然そのライン作業に従事している作業者のことも内心舐めてかかっているのですね。こう思っていることが態度に出て、そこからずっと嫌われ続けて仕事の質問をしても真摯に対応してもらえない状態になってしまうわけです。大卒だろうが何だろうが仕事には関係ありませんので、新入社員の皆さんはどんな人にも敬意を持って話すようにしましょう。

ここまでは、大卒側が悪い話をしてきましたが、大卒側が舐められる場合もあります。むしろこっちの方が多いかもしれません。具体的には、よく現場の方が言うこととして、「大卒のやつらは勉強ができるかもしれないが仕事は全然だ」などの内容を言われることが多いです。現場には自分が高卒であるということに対して異常にコンプレックスを持っている人がいて、そういう人が大卒の新入社員を馬鹿にしたりすることがあります。

うまく工具が使えない新入社員に対して、「そんなこともできないのか」と馬鹿にする子どもみたいな人を結構見てきました。経験が少ないのでできないのは当たり前なのですが、少しでもマウントを取るためこういう発言が出てしまいますね。

ただ、こういう性格の悪い人は現場の他の方に嫌われていることが多かったですね。もし入社1年目の時点で現場からこのような扱いを受けてしまったら、他の人を味方につけましょう。

大卒側は、相手が高卒かどうかとか全く気にせず話していても、高卒側が過剰に反応してしまってコミュニケーションがうまくいかないのが工場ではよく目にする光景ですね。仕事ができるかどうかや、人間性は大卒・高卒関係ないので、皆さんはいちいちそんなことを気にしないようにしましょう。

6　嫌な上司あるある

残業時間で評価してくる

多くの会社は評価制度を採用しており、絶対評価や相対評価などの違いはありますが、直属の上司が部下を評価して、その評価によって給与や賞与が変動することがあると思います。

皆さんはこの評価制度で理不尽な思いをしたことがありますか？

日本の企業では、全体的に年齢層が高く、古い体質や考え方が残っていることが多いです。この古い考え方のうちの１つに、長時間労働を美徳としていることが挙げられます。

皆さんの周りにもいませんか？　全然仕事してなさそうなのになぜが限界ギリギリまで残業をしているおじさん。こういう人が上司になってしまうと理不尽な評価を受けることがあります。上司側が今まで残業することは当たり前という価値観になっている場合、部下が定時でさっさと帰っていると、仕事の成果は置いといて「もうちょっと頑張れるだろ」という思考になります。いくら会社が残業を少なくしてくださいという方針に進んでいるとしても、価値観を更新できない人は自分でやってきたことを信じているので、残業をしないと結果は出せないと思いがちです。

例えば、同じ年齢で同じ職種の人が同じような成果を出していて、一方は多く残業をしていて、もう一方は毎日定時で帰っているとします。

この場合そういう人が評価するのは前者になるのですね。どう考えても短い時間で成果を上げる方が優秀ですし、会社にとっても人件費削減できるのでいいことなのですが、そんなおかしな評価をする上司もいるということです。

ちなみに私は可能な限り残業を減らしていたタイプですが、近い年代で私より残業時間が多い人と比べて成果を出していないことはわかっていました。幸い可もなく不可もない評価をいただきましたが、評価が若干悪くてもそこまでの成果を出していない自覚はあったので納得していたと思います。

ここで問題なのが、残業をせず、かつ成果を出していない人が低い評価を受けたときに上司のせいにするパターンです。上司に残業で評価されていると思い込んで文句を垂れるのはただの無能なのでこれは気を付けた方がいいですね。

私は残業をほとんどしていなかったとき、上司から余裕があると思われていたため、ギリギリキャパオーバーするぐらいで頑張ってくれたらもっといい評価になると思うと言われましたが、さっさと帰って副業に勤しんだ方が自分のためになるのでやんわり拒否していましたね。上司にとっては厄介な社員だったと思います。

普通にパワハラしてくる

今の時代、ハラスメントには非常に気を付けなければいけない時代になりましたよね。

ハラスメント研修が毎年開かれている会社であったとしても、それでもパワハラをする人はたくさんいるでしょうね。パワハラをされたと感じたら、パワハラをしてくる人よりもっと偉い人に密告すれば、その人はある程度の処分を受けますが、現実的にはそう簡単にパワハラをされていると言えない場合が多いと思います。
研修でも取り扱われるよくあるパワハラパターンを紹介します。

1つ目は、パワハラだと加害者側に言えないパターンですね。工場で最も権限が大きいのは工場長ですが、そのトップがパワハラをしている場合止めることができる人はいません。具体的には、事務所で個人を対象に怒鳴り散らしたり、長時間目の前に立たせて説教など、誰が見てもパワハラだと感じるようなことをされていても、その人に逆らってしまうと今後落ち着いて仕事ができなくなる可能性があるので誰も何も言うことができません。みんな巻き込まれたくないですもんね。

たとえ本社に密告したとしても、工場長の地位が高い場合はもみ消される場合もあるでしょうね。大企業であればコンプライアンスを意識しているのでそのようなことは少ないと思いますが、うやむやにされることはあるでしょうね。

2つ目は、このうやむやにされるパターンです。例えば現場の職長（50代）がパワハラ気質であったとして、その職長からパワハラを受けたと感じた人が上司に相談します。そうするとその上司は、「まぁそれぐらいならよくあるよ。あなたも悪いところあるよね？」と言われてしまうようなパターンです。

管理職に就いている上司でも現場には強く言うことはできない構図がある会社も多いと思いますので、その上司も現場の人、ましてや職長にパワハラをしているなんてことは言えないでしょうね。

このようなことがいまだに大企業でも発生しているので、世の中の会社員はいろんなパワハラを受けているのだと思います。パワハラをしてくる上司は最悪ですが、相談してもうやむやにする上司も終わっていますよね。

そんな嫌な上司がいるところに配属されたときは、とにかくハラスメントを受けているという旨を上司よりも上の人に伝えて異動させてもらうなどの対策をしてもらいましょう。それをうやむやにする環境の会社であれば、精神的にダメな状態になってしまう前に転職することをおすすめします。我慢するのが一番よくないですからね。

自分ができないことを押し付けてくる

このような上司は要注意です。

勘違いしないでほしいのは、自分ができないことを部下にお願いするのは全然悪いことではありません。むしろ管理職であればそれが仕事です。ただ、ここで言う「押し付けてくる上司」とは、自分ができないし理解できていないことを、あたかも知っている風に振る舞って押し付ける輩のことです。

こういうおじさんが周りにいたら本当に厄介です。

まず頼み方が最悪で、「あ〜、○○くん。これやっといて」みたいな感じで、自分の仕事なのにお前がやるのが当たり前という感じで言うのですよね。まずこの時点で意味がわからないですが、さらにやり方を聞いてみると、「え？　そんなこと自分で調べてくれ」とか言っちゃう始末です。普通は自分が完全に理解していたらそれぐらい教えますよね。

　こういう上司は、詳しく説明できないのでその場で説明することを放棄したり、他の詳しそうな人に投げたりします。上司から仕事を渡されるとき、一番いいパターンは、上司が完全に理解していて、どうやって進めたらいいか、どれぐらいで終わるか想像ができているものを部下に渡して、質問されたら教えることができるというものですね。これであれば多少上司は自分の時間を作ることができるし、何より上司の責務である部下を成長させることにつながります。

　また、次にあるパターンとしては、上司ができないことを部下にお願いするというものです。例えばエクセルのマクロが組まれたファイルを編集したいときに、上司はマクロを触ったことがなくて、部下に詳しい人がいたとします。そのときはもちろん部下にお願いすると思いますが、「ちょっと俺マクロ詳しくないからお願いしていい？」みたいな感じで頼まれれば部下も悪い気がしませんよね。

　もっといいのは、上司から部下に教えてほしいと言えることです。他の仕事で忙しいとかはあるかと思いますが、できることなら教えてもらって自分でできるようにした方がいいですよね。そうすると先ほどのいいパターンの仕事の渡し方ができるわけですから。

それに何歳になっても学ぶ姿勢がある大人はかっこいいですよね。

なんにせよ、自分ができないことをお願いするのは何の問題もありませんが、結局コミュニケーションの取り方が重要なわけです。

これをできない人が部下に嫌われ、挙げ句の果てに窓際に追いやられてしまいますね。私も将来こうならないように、変なプライドを持たず、常に学び続ける姿勢は持つようにしています。

成果を横取りする

これは実際に私の周りでもありました。

現場に正社員を採用しているタイプの工場について、現場は特に年功序列がはっきりとしていて、一定の年齢までいくと昇格試験があるのですが、ほとんどの人が通過できるような試験である場合が多いので、完全な年功序列が完成します。

それぞれの現場で班長という役職があり、その班長はその部署全体の管理、部下の育成を担当するのですが、部下の成果を横取りするような班長もいます。横取りというか、ほとんど部下に仕事をやらせて、成果を出させた後に自分がフォローしたおかげで、部下が最後までできたということを責任者に伝えます。

ここでいう責任者は、現場の班長を評価する立場の職長であったり、工場の係長や部長、工場長を指します。評価面談で責任者にごますりしているような感じですかね。とにかく自分の評価を上げて、給与や賞与を上げたいので、いい感じに部下を教育したと言い張るタイプですが、部下からしてみると最悪な上司ですよね。

こういった班長は、だいたい数人の部下を抱えていても、ほぼ全員に嫌われることでしょう。部下は部下で、上司に成果を横取りされているなどとはっきり言うことはできないのでやんわり責任者に伝えることはありますが、責任者は現場の班長とゴタゴタを起こしたくないので、その場では共感する感じを出して特に何もしないことが多いです。

私は生産技術者の立場として、現場の社員から依頼された仕事は班長や職長に許可をもらってから進めますが、現場内で上司と部下のやりとりがうまくいかず、やっぱりなしになることは何回か経験しました。上下関係がうまく機能している部署では、しっかりと上司の承認を得てから生産技術者のところに仕事が回ってくるのですが、成果を横取りするような上司がいると、部下も上司には黙って生産技術者にお願いしたくなりますよね。

ただそれを勝手にやると生産技術者側が怒られてしまうので、班長には伝えておく必要があるのですね。本当に人間関係が面倒くさく、こういう上司のせいで無駄なやりとりが増えるので本当に大人しくしてほしいと思っていました。

会社の組織というのはこういう面倒なことが多々ありますが、会社員としてうまく立ち回るには決定権を持つ人の懐に入ることが重要なので、入社間もない人は意識しておいた方がいいですね。

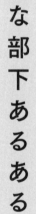

7 嫌な部下あるある

言うことを聞かない

部下を指導しても全然言うことを聞いてくれない。こんな悩みを持つ上司は多いと思います。私の周りにも、客観的に見てあまり言うことを聞いていない部下は存在していました。

言うことを聞いてくれないのはなぜでしょうか。

理由は2点あると考えていて、1点目は信頼関係を構築できていないということが考えられます。私が見ていた言うことを聞かない部下は、上司が何を言っても納得しない様子で仕事を進めていましたが、上司側はどうすれば言うことを聞いてくれるか考えながら根気強く対応しているように私からは見えていました。そうすると1年程経過した頃には、部下も少しずつ聞き分けがよくなってきて、しっかりとコミュニケーションができている様子でした。

これはやはり長い月日をかけて、上司が信頼関係を築いた結果であるように思えました。どれだけ論理的に判断しようと思っても、人は最終的に感情で動くので、正しいことを言うだけではダメということなのです。

2点目は、単純に部下に舐められているということです。これは部下側が上司の実力を全く把握できていない場合や、上司がかなりのポンコツである場合もありますね。自分の上司が、さらに上の上司に説教されている様子を何度も見てしまうと、「この人は仕事ができないのだな、じゃあ言うことを聞かなくても大丈夫」と思ってしまうのは自然なことだと思います。実際私もそういう人の姿を見て、「この人の言うことはあまり参考にしない方がいいかもしれない」と思ってしまったことはありました（表面上言うことは聞いていましたが）。

信頼関係は粘り強く対応することでなんとかなるかもしれませんが、上司がポンコツだから舐められている場合はなかなか対策することは難しいです。このような場合は、仕事で尊敬させることよりも別の方向で信頼関係を築くのがいいかもしれません。しっかりと部下の話を聞いてあげたり、部下をより頼るようにしたり、部下ができなくて自分ができることはしっかりフォローするなどして、部下に対する信頼を積み重ねていくべきです。

ここまで上司がどうすべきかを話しましたが、そもそも聞き分けのいい部下ならお互い苦労しないので、よっぽど理不尽でない限りは上司の言うことをしっかり聞きましょう。会社はピラミッド組織なので、上からの指示を無視していては成り立たないということを理解しておくべきですね。

わかったフリをする

これはかなり多いと思います。

わかったフリというのは、何かを教えてもらっているときに、自分の中では1～2割ぐらいしか理解できていないのにもかかわらず、「ふむふむ、なるほどなるほど……」と相槌を打っている状態ですね。この状態で話を聞いていると、説明している側は相手側がほとんど理解してくれていると感じてしまいますが、実際説明されている側はほとんど理解できていないので、そのまま仕事を進めて齟齬が発生するということがよく起こります。

自分の仕事に関わることなのであればしっかり理解できるまで聞くべきなのですが、わかったフリをしてしまう気持ちもわかります。

例えば、説明されている内容が8割以上理解できないときは、次々にわからない情報が出てくるのでもはや何から質問したらいいかわからなくなってしまいます。さらに、わからないことが多いのでたくさん質問をしたいところですが、頻繁に質問して話を遮ってしまうと進まなくなるので、遠慮してとりあえずその場では質問せずに聞くだけ聞いておくことも多いと思います。特に説明する人・される人の人間関係があまりよろしくない場合は何度も聞き直すのをためらってしまうでしょうね。

このように、わからなければその場で質問し直すということは難しいことなので、わからないことを把握しておいて、後でまとめて質問できるようにするのが現実的だと思います。

一番厄介なタイプは、「はいはい、そういうことですね！　なるほど！」などと言って一見完璧に理解しているのかと思いきや実際にはほとんど理解できていないパターンの人ですね。これは本人が質問しにくいとか思っているわけではなくて、本当に理解できていると思い込んでいるので、もちろん本人に悪気はないのですよね。

私もそういう人が下についたことがありましたので、対策としては、説明している最中におそらくわからないであろうと思ったことはその場で理解しているかどうか説明してもらうようにしていました。なんとなくパワハラっぽくも思えますが、ここまでしないと間違った理解のまま仕事を進められてしまうので、後でしりぬぐいするのが大変になってしまいますよね。

ここまでやっておけばさすがに齟齬が起きることは少なくなりますので、自然にわかったフリをしてしまう人には、都度、説明を求めるのがいいかもしれません。質問しにくくてそのまま進んでしまう人に対しては、説明する側が「ここまで大丈夫？」と頻繁に質問することが有効ですね。

報連相ができない

正直言って、私はこれができてない時期がありました。

報連相というのは、社会人の基本とされている報告・連絡・相談のことです。新入社員のときにもよく報連相が大事といわれていましたが、私は「これぐらい誰でもできるやろ」と舐めてかかっていました。

連絡に関しては、上司に伝えるべき情報や予定を随時伝えていたので問題ありませんでした。相談に関しても、私は大学時代から人に様々なことを教えてもらって生きてきたので、わからないことがあればすぐ質問したりと、自然にできていました。ただ、相談に関して、私が見てきた中ではできない人が多かった気がします。

だいたい相談ができない人っていうのは、相談することで上司の仕事を止めてしまい、迷惑をかけるかもしれない、こんなことは相談すべきことではないかもしれない、などと過剰に心配してしまい、多くの問題を自身で抱えてしまうタイプです。あとは上司が常にイライラしているなど、上司側に問題があることも多いですね。

わからないことを自分で抱えるのが一番問題なので、あまり心配しすぎず、頻繁に相談しましょう。上司が相談しにくい場合は、相談しやすい相手を探しましょう。

さて、私ができなかったのは報告です。これが私はできずに苦労しました。

ここでいう報告とは、自身の仕事に関する進捗を上司に伝えるということです。私は与えられた仕事に関して、できてから報告すればいいと考えていたので、そこで上司との齟齬が発生しました。新入社員のうちは、与えられた仕事を上司が考えた通りこなすことはほとんどできません。私のように自分が完成したと思ってから確認してもらうと、最初から進む方向が間違っていたなんてことが起きてしまいます。

私はこれで何度も仕事をやり直したことがありますし、そのせいで莫大な時間を無駄にしたと思います。面倒ですが、ある程度進んだところで上司に進捗を報告し、確認してもらうのが無難です。これをすることで結果的に全体の仕事が早く終わりますし、上司も安心して部下に仕事を渡すことができますからね。

　これは先輩や上司の立場になって初めて痛感しました。自分に謎の自信があって、全く相談や報告をしてこない部下がいたら最悪ですね。だいたいそういう人は上司が思い描く方向には進まず、悪い意味で物議を醸すことになりますからね。

　若手の皆さん、報連相は決して馬鹿にしないでください。社会人の基本といわれますが、できてない人もたくさんいるので、これができるようになるだけでかなり優秀な部類になれると思います。

8 転勤あるある

企業によっては全国転勤が多い

大卒でメーカーに入ろうとすると、総合職採用になることが多いです。総合職とは、企業の幹部や管理職候補として採用されることが多い職種で、技術系総合職と事務系総合職に分けられます。総合職は様々な地域性を学んで、会社全体を把握していくことが求められるため、全国転勤が多くなります。

特に大企業になると、全国各地に事業所を展開しており、海外にも事業所があることが多いです。ただ、大企業だからといって全国転勤が必ずあるわけではなく、会社によって方針も違いますので、ずっと同じ事業所で勤務する場合もあります。

メーカーは比較的全国転勤が多い部類なので、大企業でかつ転勤がないメーカーに行くことはなかなか難しいと思います。

たくさん転勤したいという人もいるかとは思いますが、多くの人は転勤頻度が多いことを嫌がりますよね。私も独身のうちは数年に1回ぐらい転勤をしてもいいと思っていましたが、やはり結婚してからは妻の仕事の都合などもあるため、あまり転勤をしたくないと思うようになりました。

私の会社では、20代から30代の若手が多く退職していますが、退職する理由で最も多かったのが転勤だったと思います（あくまで体感です）。毎回異動してから2～3年経って、異動が多い時期になるとみんなそわそわするのですよね。自分が関係なければいいのですが、次は自分かもしれないと思うと気が気ではありません。

しかも大企業ともなると、海外に拠点を持っているので、海外への赴任も考えられます。海外ともなると、一応拒否権はありましたし、海外赴任の希望者が少ないため、行きたいと手を上げれば行かせてもらいやすい環境でした。

もちろん、海外に出向する人は総じて仕事ができる人なので誰でも行けるわけではありませんが。ちなみに私はＴＯＥＩＣが３００点ぐらいしかありませんし、海外は４か国ほどしか行っていませんが、特にいい思い出もないし、日本の食事を食べ続けたいので絶対に海外赴任は嫌でしたね。

ただ、日本国内であればいろいろな場所に住むのは楽しいと思うタイプなので、全く異動がないよりは多少あってほしいと思いますね（2～4年に1回は多すぎます）。全国各地で生活してみたいと考えている方は、大手のメーカーに勤務することをおすすめします。

工場勤務は地方が多い

いろいろな場所で暮らしてみたいから全国転勤があるメーカーの工場で働くというのは、少し注意が必要です。

工場は田舎に建てられていることが多く、全国の工場を転々とする場合は強制的に田舎暮らしになってしまう可能性が高くなります。なぜ工場が田舎に多いのかというと、工場を建てるには広大な敷地面積が必要ですし、騒音が発生するので住宅街などに建てると苦情が来たりして問題になりやすいので、工場は田舎に建てる方がいいのです。

入社前は全国各地に住めると思って、今まで自分が住んでいた地域を想像していると痛い目に遭うのです。田舎に住んだことがない人は、都会の喧噪から外れて、落ち着いて過ごせるなどと、少し憧れる部分はあるかもしれませんが、実際に住んでみると不便さを痛感すると思います。

髪を切りに行きたいと思っても近くに美容室がない、歯医者に行きたくても近くにないなど、行きたい施設が近くにないことがほとんどなので、そんなときはいちいち車を1時間走らせたりして大変です。しかも、田舎暮らしは意外とお金がかかります。車が必須なので維持費が発生しますし、都会に出たいと思ったときはそこまでの交通費が発生しますし、田舎のスーパーは競合があまりいないので若干価格が高いことが多いです。

家賃は安いかもしれませんが、全国転勤が発生する大企業であればだいたい家賃補助が付いているのであまり気にする必要はないでしょう。メーカーの生産技術や品質管理などで勤務したいが、田舎が嫌だという方は、臨海に工場が集中しているメーカーを選ぶべきです。

原材料を海外から輸入していて、船で輸送する場合は臨海に工場が建てられます。臨海の工場からは、割と都会が近いことが多いので、田舎の不便さをそこまで感じることはありません。居住場所というのは非常に大事ですが、全国転勤の会社を志望すると結局どこになるかわからないので特に調べない人も多いと思います。

ただ、このように全国の工場がどんな場所に分布しているかというのは調べればすぐわかることなので、行きたい場所を選ぶことはできなくても、行きたくない場所を避けることはできますね。自分が将来どんな場所に転勤する可能性があるのかという視点で会社の情報を見てみることは就職活動でも転職活動でもやっておいた方がいいでしょうね。

家を購入した瞬間、異動

「家を購入した瞬間、異動」

10文字でこの悲惨さがわかると思います。私は、この状態になっている人を多く見てきました。

そもそも、家賃補助は入社後何年までしか出ないということが決まっているので、その期限を過ぎる前に自分で家を建てる人が多いわけですね。

全く容赦のない会社の上層部は、家を建てたからといって、そんなこと関係なしに異動の辞令を出してきます。

異動の辞令を出された人は、すでに家があるので、自分以外の家族はその家に住んで、自分だけ単身赴任するという状態になります。子どもの成長を近くで見ることができなかったり、単身赴任中は広い家には住むことができないので寂しい気持ちになります。こういう状況に陥るのが嫌で、子どもが十分成長して、独り立ちできるようになってから家を買う人も少なくありません。

私も昔は、将来広い家を自分で建てたいと思っていた時期がありましたが、若いうちに建てるのは入社早々諦めましたね。逆に単身赴任がしたいという人には向いています。単身赴任はほとんど独身のような状態なので、結婚して10年以上経っているとその状態に戻りたいと思う人も割と多いようです。むしろ一人になりたいという人は、あえて弊社のような会社を選ぶのはありかもしれませんね。

全国転勤が発生する会社は、家を購入するなどの人生の一大イベントをこなす難度が格段に上がります。入社前の面接時点で、「弊社は全国転勤があるけど大丈夫ですか？」と聞かれますが、内心嫌でもその場では「大丈夫です」とほとんどの人が言うはずです。

その後、実際に入社して、やはり転勤が自分や家族の負担になるので退職していくという人は非常に多いです。実際にその状況になってみないとわからないのはありますが、全国転勤がある会社に入社を考えているときは、本当に問題がないのか、真剣に考えてみましょう。

私は転勤が多いメーカー、ほとんど転勤がないメーカー両方とも経験していますので、両方のメリットとデメリットを知っていますが、転勤が多いことによるデメリットはかなり大きく感じました。

入社後何年間は家賃補助が出るなどの条件も年収に大きく響いてきますので、そのあたりも入念に調べておいた方がいいでしょう。私が新卒のときはこんなことを教えてくれる人がいなかったので何も考えずに入社しましたが、これから就職、転職しようとする皆さんはぜひこの書籍を参考にしていただければと思います。

9 トラブルあるある

是正案が暫定的

工場では様々なトラブルが発生します。設備が多いので、設備トラブルも多いのですが、やはり一番多いのはヒューマンエラーですね。

例えば、製品の品質を人がチェックする項目があるとします。ある数値が範囲内に収まっていれば合格、そうでなければ不合格としたときに、数字を見間違えてしまい、不合格品を合格としてしまうことはゼロではありません。

このような出荷する製品に関わる重大なチェック項目は、担当者がチェックした後に責任者が確認して承認する二重チェックの流れを採用していることが多いと思います。しかし、承認者も様々な資料に目を通さないといけないので、担当者を信じてそのまま承認してしまうこともあり得ます。二重チェックも突破することはあり得るということです。

工場では検査工程が多く、必然的にチェックすることも多くなってきます。しかし、チェックをしているにもかかわらずトラブルが起こってしまったときは、どうするのでしょうか。簡単です、チェック項目を増やす、もしくはチェックする人数を増やせばいいのです。本当にこのようなことを私の工場ではやっていました。

このような暫定的な対策ばかりを行っていると、チェックシートがどんどん増えていき、元々必要のなかった仕事が増えて作業者の負担となるのです。しかも、この対策はあくまでも人に頼った対策なので、全く同じ問題が発生しないかと言われると、確率は下がりますがそんなことはありません。

このようにトラブルが発生するたびに暫定的な対策ばかりを追加して、大量の無駄な仕事が増えている会社も多いと思います。対策を考えさせられる社員も、二重チェックをさらに増やすだけなら何も考えなくていいから楽なのですよね。

本来これを恒久対策にしなければならないのですが、今回の場合だと数値の判定なのでコンピューターにやらせた方がよっぽど確実です。品質判定のチェックができるプログラムを組んで、かつ最初のうちは人のチェックも入れる。しばらくの期間使用して判定率が100％なら人の確認をなくす。これぐらいまでやると完全に対策が完了したといえるでしょうね。

トラブルが発生したときは、一時凌ぎの対策ではなく、確実に再発しないような仕組みづくりを考える必要があります。ただ、これは結構やってみると難しいことなので、日頃からトラブルが起こったときに考える癖をつけるという訓練が必要です。これができる人は非常に高く評価されるでしょうね。

臨機応変さが重要

トラブル対応というのは、基本的にラインをいち早く復旧しなければならないので迅速な対応が求められます。しかし、設備トラブルは毎回同じ設備で起こるわけではありませんし、同じ設備だったとしても全く同じ故障が起こることは少なくなります。何十年も勤務しているベテランでも、初見でどうやって対応するか考えないといけないことが多いわけです。そうなると臨機応変さが非常に重要になってきます。

私がここでいう臨機応変さというのは、生産ラインを最短で復旧させるためにすべきことに対して優先順位をつけて対応できることをいいます。

例えば、ある設備にわけのわからないエラーが発生し、設備が非常停止してしまったとします。ラインを止めないということを優先しないといけないので、まずその設備が即復旧できるか、できなければその設備をバイパスしても（使わなくても）製造できる方法があるか、などを考えます。どうしてもその設備を使用しないと製造できない場合は、復旧させる方法を考えなければなりません。

エラーの内容を取扱説明書等から読み取り、わからなければメーカーやサポートセンターに電話して復旧方法を確認しますが、電話がつながらなかったりする場合はエラーの原因となっていそうなあやしい箇所を1つずつ潰していくなど地道な作業が必要です。しかし、やはり初見だと何が悪いのか全く見当がつかないこともあります。

このようなとき、ベテランの社員がいるとすごく心強いのですよね。何十年と勤務していると、たとえ発生したエラーが初見であっても、なんとなくここが悪いっていうのが経験則でわかることが多いからです。この設備はよくこの部品がわるくなるとか、以前はこんなエラーが出てこうやって直したなどの知見が豊富なので、ベテランは多分こうかもって思うことが割と当たっていたりするのですよね。

私はこういうベテランの勘に助けられたことは何回もあったし、トラブルが起こっても焦らずどっしり構えているので臨機応変さもあるのですよね。私もこういうときはこう対応する、みたいな経験は増えていますが、まだまだ復旧に時間がかかることがよくありますからね。

一番問題なのが、あまりよくわかっていないのに一人で抱えて復旧に時間をかけてしまうことです。他の人に助けを求めることも臨機応変さだと思っているので、わからないという判断も素早く行うことが重要です。

意外とすぐ解決して安心する

ここまで読んでいただいた読者の方は、「工場のトラブル対応はすごく大変そう……」と思われたかもしれませんが、だいたいはすぐに解決することがほとんどです。

私の工場の場合、何かトラブルがあったときは現場から電話がかかってくるのですが、現場からは「やばい、早く来て……」みたいに言われて「一大事か!?」と思いきやちょっとした操作ミスや、知っていればすぐ復旧できるエラーだったりします。こういうときは、「こんなことでいちいち呼ばないでくれよ……」と思いながら一方で、（こんなことでよかった……）と安堵します。

これが重大なトラブルだった場合はそこから一日中トラブル対応する羽目になり、自分の仕事を一切進めることができませんからね。私の工場でよくあったのが、パソコン関連のトラブルです。

これはもはやトラブルというまでもありませんが、例えば現場から電話が来て、

「ネットつながらんようになったから来てくれ！」と言われます。工場全体がネットにつながらなくなったのであれば焦りますが、この場合はだいたい電話をかけてきた現場の人が使っているPCからLANケーブルが抜けていたり、変なWi－Fiに接続していたりするパターンがほとんどです。

一番多いのが、近くのHUBからLANケーブルが抜けているパターンでしたね。こんなこと調べればわかりそうなものですが、工場ではパソコン周りに弱い人が多く、HUBを確認するという脳を持っている人が少ないのですよね。

毎回毎回、ネットがつながらないときは自分のパソコンや近くのHUBを見てくださいさい、Wi－Fiの設定を見てくださいと教えるようにしていますが、現場の人は問題が解決したら満足するので、次起こったらどうするかなどすぐ忘れてしまう人が多いのです。

これで自分の仕事が遮られてしまうので非常に厄介なのですが、私は現場の方に助けてもらうことも多かったので、助け合いの精神でどんなにしょうもないことでも丁寧に対応していました。

もちろん逆パターンもあって、私がどうやって復旧したらいいかわからないし、復旧にかなりの時間がかかりそうだとオロオロしているときに、「これはこうしたらええねん」と一瞬で解決する人が現れることもあり、そんなときは本当に安心します。

私も様々なトラブルをすぐに解決できるような人材になりたいと思っているので、トラブルが起こったときは学びのチャンスだと思うようにしています。トラブル対応は本当に経験値がものをいうので、どんなトラブルにどうやって対応したかというのはメモして残しておいた方がいいぐらい重要な情報です。

特に新入社員の皆さんには自分が関係なくてもトラブルが起こったら上司について行ってみることをおすすめします。

帰ろうとしたらトラブルが発生する

これは何度も経験したことがあり、本当にうんざりします。普段からよく残業している方なら別ですが、私の場合YouTube関係などやりたいことがたくさんあり、一刻も早く会社での仕事を終わらせて家に帰りたいというタイプなので、とにかく残業をしたくないのです。そんな私が、今日は定時に帰れそうだと意気込んでいると、電話が鳴るのです。嫌な予感がしますが、まだ会社にいるので電話に出ないわけにはいきません。

「設備が止まったからちょっと来て！」。最悪です。先ほど述べたようにネットがつながらないなどのしょうもない事案ならすぐ解決できるのでいいのですが、設備トラブルは別です。特に原因不明だと復旧に半日かかる可能性もあるので、もう絶望的ですね。

工場は一般的に17時頃が定時の会社が多く、17時には帰ろうと努力しますが、計ったように16時半頃にトラブルが起こるのですよね。もうこの時間帯は帰って何をするかしか頭にないので急に残業が確定するとやるせない気持ちになります。

最悪なのは家に着いてから電話がくることなのですけど、この頻度は高くありません。というのも、私が帰宅していても、工場内で他にトラブル対応できる人がいればわざわざ私に電話が来て呼び出されることはまずないからです。

トラブルが起こったときは、基本的にまず現場だけでどうにか復旧しようとします。それでもダメな場合は私たちのような設備関係の仕事をしている人間が招集されるのですが、同じ設備関係の人が部署に数人いる場合は、当然会社にいる人から声を掛けますよね。

私は他の人よりも早く帰っていることが多かったので、定時後のトラブルに関しては残っている他の担当者がよく対応していました。申し訳ないとは思いますが、まぁ帰っているのだからしょうがないですよね。

翌日担当者からこんなトラブルがあって復旧に苦労したと聞いたとき、表面上は謝りますが内心は「早く帰ってよかった～」と思っていました。皆さんも残業したくない人は残っていてもいいことがないのでさっさと帰りましょう。

ちなみに、すでに社員が全員帰っている夜中の時間帯にトラブルが発生してしまった場合はどうしようもありません。現場で解決できなければ容赦なく電話がかかってきますので、その辺はトラブル対応しないといけない身であれば覚悟しておかないといけませんね。

10 就活あるある

生産技術職の仕事内容がよくわかってない

私は工学部出身で、学生の頃なんとなくメーカーのものづくりに関わってみたいと思っていましたが、生産技術職がどんな仕事なのかほとんど知りませんでした。就活のときだけでなく、入社するまでどんな仕事をするのか全くイメージできていませんでした。したがって就活の時点ではなんとなくのイメージを思い浮かべてうわべだけで話して面接を乗り切っていましたね。元気はあったので割と内定はもらえました。

このような経験をした人は私だけじゃないだろうと思い、生産技術のことをもっと多くの人に知ってもらうべくYouTubeチャンネルを開設しました。

生産技術部門って、会社によって仕事内容の幅が全く違うので一概に何をするか説明するのが難しいのです。基本的にどの会社の生産技術部門も、設備の導入などは最初から最後までやると思いますのでそこは説明できますが、基本それだけではありません。

私は2社の異なる会社で生産技術職を経験していますが、それだけでも業務内容が大きく異なります。一方では現場の社員の管理をしたり、現場の困りごとを解決する仕事が多いのですが、もう一方では安全の担当と環境の担当を担うことになったり、監査対応などもありましたね。

おそらく人数が少ない小さめの工場では、生産技術者はなんでも屋となってしまう場合が多いです。工場内の自動ドアが壊れたら呼ばれますし、トイレが詰まっても呼ばれることがありましたからね。「掃除のおばちゃんちゃうねんぞ」と思いながらラバーカップでキュポキュポしていたこともあります。

こんな仕事もしていますが、基本的に生産技術の仕事は知的ハードワークが多いです。具体的には導入する設備の能力の計算をしたり、どんな設備を導入したらどれぐらいの省エネになるか、投資回収できるのか計算したり、工場にはいろんな法律が関わっているのでそれらの法律を解読していったり、やるべきことは多岐にわたります。工場では常に改善が求められるので、どうしたら今よりも生産性や利益に貢献できるかということを常に考えなければなりません。したがって生産技術はルーティーンワークにはなりにくく、飽きにくい仕事ともいえるでしょう。

私は小さめの工場で幅広い仕事を担当して、それなりのスキルが身につくとともに多くの知識を得ることができているので、この仕事は悪くないと思っています。研究のように1つのことを突き詰めていくのではなく、幅広くいろんな仕事をしていきたい人は生産技術職が向いているかもしれませんね。

無駄にマウント取るやつがいる

就活中はいろんな人間に遭遇しますが、やたらとマウントを取ろうとする厄介な人も一定数います。就活生の待合室で初対面のくせにやたらと話しかけてくるやつは要注意です。なんらかのマウントを取ってくる可能性が高いです。

私の周りの人から聞いた、実際に遭遇してしまったマウント2つを紹介します。

まず1つは「学歴マウント」です。その人は私と同様神戸大学卒なので世間的に見ればそこそこ高学歴ですが、大手企業には東大、京大、阪大などの超上位層が現れます。そんなとき、待合室で何気ない会話をしていたときに聞かれたのです。

「大学はどこなのですか？」彼は嫌な予感がしましたが、答えました。そうすると彼から聞いてもいないのに、「私は京大です」と言ってきました。「だからなんやねん」と言いたい気持ちを抑えて、「はは、すごいですね……」みたいな回答をしたようです。本当に「だから何？」って感じですね。正直面接まで進んでいるならそこまで学歴は重視されないと思いますし、彼はそんなところで喧嘩してもしょうがないと思い、その日はイライラしながら面接を受けて、落ちました。絶対イライラしたせいです。

2つ目は「内定マウント」です。就活も中盤になってくると、その会社の面接前に少し話をしているとき、どんな企業を受けているかという話になることがあります。

そこで、私の友人は「どんな企業を受けているか」しか聞いていないのにもかかわらず、「●を受けていて、△と□から内定をもらった」みたいなことをドヤ顔で言われたようです。その時期に内定を持っているというのは少し早めで、友人はまだ内定を持っていなかったので殺意がわいたようですね。

内定を持っているかどうかということについては、就活生は非常にナイーブになっているのでそんなこと言わない方がいいことぐらいわからないのでしょうか。そんな学生に内定を出してしまった会社は残念ですね。

私は同じ企業群を受けている人と仲良くなって、同じ会社で面接を受けたときはよくご飯とか行って、楽しかった覚えがあるので、マウントを取ってくるような気持ち悪い奴は避けた上で、仲間を作って就活するのはおすすめです。就活中の情報も共有できますからね。

内定を取って浮かれてしまう気持ちもわかりますが、同じ就活生にマウントを取る行為は非常に気持ち悪いのでこれから就活を控えている皆さんは絶対にやらないようにしましょう。

内定から入社まではお客様扱い

これは大企業なら特にありがちです。基本的に企業が学生に出す内定には法的拘束力がありません。なので、学生側は内定承諾した後でも、内定式が終わった後でも内定は辞退できます。学生側は、内定承諾した後は企業が入社準備を進めているかもしれないのでなかなか辞退しないとは思いますが、自分の人生なので迷惑をかけたとしても辞退を申し出る人は一定数いると思います。

もちろん企業側はせっかく時間と労力をかけて採用した学生に辞退されたらものすごく困ります。担当する人事は責任者に詰め寄られるかもしれませんし、自分の評価に大きく影響するでしょうね。

このように応募が多い大企業であれば採用活動中は企業側が学生を選び、内定後から入社までは学生に生殺与奪の権利を握られているということになります。ということは、企業側はいかに内定を辞退されないようにするか考えないといけません。

同期と仲良くなるためのイベントを開催したり、懇親会なども積極的に開催します。もちろん参加は自由で、遠方から来た人には交通費や宿泊代まで渡します。ここまでしてもらっていたらすごく社員に対して優しい会社だと思いますし、内定の辞退など考える学生は誰一人いなくなるので、会社としてはここにお金をかけるメリットがあると思います。

しかし、お客様扱いも入社までです。入社半年ぐらいで激務になってしまう人もいますし、残念な上司に当たってって病んでしまう人もいます。入社数年で私の同期は半分ぐらい辞めてしまいましたね（私も転職しています）。

このような理由で入社前は学生に対してすごく甘いので入社後とのギャップがあることはわかっておいた方がいいですね。

やりたいことはできない

会社を選ぶ際、年収以外に自分がやりたい仕事をできるかということを重要視している人も多いと思います。社員数人のスタートアップのベンチャー企業なら別ですが、大企業に入社して、かつ自分のやりたい仕事に就けるというのはほとんどありません。

というより、そもそも学生が考える「やりたいこと」は曖昧なものが多いです。営業がしたいといっても、どんな商材を売りたいのか、どんな層に売りたいのかなどで全く違いますし、生産技術者になって工場のＤＸ化を進めたいと思っても、ＤＸ化が具体的にどんなことを進めていくのかわかっていない場合が多いです。

働いたことがないのですから、具体的にどんなことをするのかイメージがつきにくいのはわかりますが、入社前からやりたいことを自分のイメージで理想化して追い求めているとギャップを感じることになります。

設備導入がやりたいと思って生産技術者として入社しても、最初の半年間程度は現場で研修かもしれませんし、最初の方の仕事など備品の購入や雨漏り補修など地味な仕事が多いと思います。会社は新入社員がミスをすること前提で考えているため、万が一ミスしたときに会社に影響が及ばない程度の仕事しか渡せませんからね。

そして、学生時代なんとなく思い描いていた「やりたいこと」と、会社に入ってから考える「やれること」は一致しない場合が多いです。基本的にピラミッド組織で働くということは上から降ってくる仕事を処理していかなければならないため、会社に入ってから学生時代考えていた「やりたいこと」ができないと感じ、できそうなことの中から「やりたいこと」を探すようになってしまうのです。

本当に「やりたいこと」があって、その会社ではできないけどどうしてもしたいという場合に転職や副業の選択肢が生まれてくるのですね。

ただ、本当に自分の「やりたいこと」と会社が求めていることがマッチして、「やりたいこと」ができている会社員もいます。

1年目は無理でも、2～3年目になると裁量権が与えられて、「やりたいこと」ができる可能性もあるため、「やりたいこと」のミスマッチを理由に入社1年以内で辞めてしまうのはおすすめしません。3年続けろとは言いませんが、ある程度先輩や上司がどんな仕事をしているのか把握できるようになってから考えましょう。

11 転職あるある

急に有休を使いだす

皆さんの会社の有休の取得率はどれぐらいでしょうか。私は基本的にほぼ１００％有休を消化できていましたが、やはり責任者レベルになってくると業務量も増えて忙しくなるので、有休が使いきれずにどんどん溜めてしまっている人もいると思います。

こういった普段有休をあまり使用できていなかった人が、急に使い始めたらどう思いますか？　特に午前だけ、もしくは午後だけの半休であったり、会社によっては１時間単位で有休を使えるところがありますが、午後２時間だけ早めに帰るなどの使い方をしている人はかなり高い確率で転職活動をしています。

私は自分の先輩や上司が何人か転職していますので、転職活動をしている人の行動パターンはなんとなくわかりますし、自分も転職活動をするときに少し変わった有休の使い方をしていたので少し怪しまれていたと思います。

転職活動中は、何社か同時に受けている場合、1週間に1回ぐらいのペースで面接が入ってきます。この面接の日程及び時間については、面接を受ける側の都合だけで選べるものではなく、特に二次面接、最終面接などになると部長や役員クラスの人が出ないといけないので、その人たちの日程がまず優先されます。

面接する側は勤務時間中に予定を入れるため、基本的に土日祝は省かれます。私はいくつか日程の候補を頂いて決めるか、こちらから提示する形もありました。なので、週中の火曜から木曜に面接が入ることもありますし、午前中に入ることもあります。

転職した私の先輩は、今まで半休など使ったことがなかったのに急に使い始めたりしました。私の場合はほとんどＷＥＢ面接だったので午後に2時間程度早く帰って面接を受けていました。金曜日に時間単位の有休を使用して早く帰ることはありましたが、休みの前日以外ではほぼ使ったことがなかったので明らかに怪しかったと思います。実際誰にも言っていないタイミングで現場の方からは疑われていましたからね。

逆にいえば、今はＷＥＢ面接が主流で、1～2時間早く帰るだけで面接を受けられるので丸々一日有休を取得する必要がなく、簡単に転職活動ができるので労働者にとってはいい時代です。特にフレックス勤務がある会社だと、有休すら使わずに転職活動できますね。

このように周りの人が急に変な休日の取り方をしだしたら、その人が転職することを覚悟しておいた方がいいかもしれません。急に先輩や上司の仕事を引き受けるとなると非常に負荷がかかりますからね。

勢いで退職したものの次が決まらない

前項でも説明したように、今の時代の転職活動はＷＥＢで完結する場合が多いので非常に動きやすくなっています。しかし、いくら動きやすくなっているとはいっても、希望する条件の会社を探すのには時間がかかりますし、職務経歴書はエージェントに添削してもらうなどしてしっかり書かないと書類で落とされますし、面接の準備もしておかないとなかなか納得のいく受け答えができないと思います。

現状在籍している会社で夜遅くまで働いている場合、転職活動のための時間がなかなか取れないこともあるので、そういった場合に先に会社を辞めてしまって落ち着いてから転職活動を始める人もいます。このような先に会社を辞めてしまうパターンはあまりおすすめできません。

先に辞めてしまった場合のデメリットは多々あります。

1つ目に収入面での精神的不安です。一応自己都合退職でも失業保険はもらえますが、受給されるのは3か月後ですし、受給金額も5～8割なので普通に勤務していたときよりも大幅に収入が減ってしまいます。

2つ目にそもそも転職活動で不利になるという点が挙げられます。働いていない空白期間があると企業側は必ず突っ込んできますし、印象もよくありません。

3つ目に就職先がなかなか決まらないと妥協をしてしまう恐れがあるという点です。

先に退職した場合、失業保険の給付期間も決まっていますから、いつまでも転職活動しているわけにはいきません。しかし、自分が求める条件の会社になかなか受からないと、早く決めなければという焦りの気持ちが出てきて、最初に内定をもらった企業に決めてしまうといった妥協が生まれます。これではなんのために転職したかわかりませんよね。働きながらであれば収入面の不安はないですし、内定をもらっても今の会社と比較検討ができます。

このように転職活動を始める前に会社を辞めることは大きなリスクを伴うため、おすすめできないのです。あまりにも忙しくて全く時間が取れない場合はやむを得ないかもしれませんが、今の職場がなんとなく嫌だからぐらいの理由なら、勢いで辞めてしまうのはよくないです。おそらくそういう人は自己管理ができずに、辞めてもすぐ転職活動をせず、自堕落な生活を送ってしまうことになるでしょう。そんな期間を過ごしてしまっては面接でさらに不利になりますしね。

転職することを考えている人は、多少忙しかったり、今の職場を早く辞めたくても、しっかり内定先が決まってから辞めるようにしましょうね。

取捨選択できずに失敗する

転職をするにあたって、全ての条件が転職前の会社より上回っているということはほとんどありません。会社によって一長一短がありますので、自分は何を重視して会社を選ぶのかを考え、優先順位をつける必要があります。この優先順位づけができずに、なかなか転職先が決まらないという人も多いのではないでしょうか。

年収は１００万円アップ、かつ休日日数も現状より増え、転勤なしで大阪勤務、残業は20時間以内、業務内容は工場の自動化に携われること、みたいな感じでこれら全てを実現させるのは相当難しいことがわかりますよね。

これを全て条件に含めると募集している会社がなくなってしまいます。ということは何かを捨てなければいけませんよね。これぐらい希望があったとしても、そのうち半分ぐらいは「そうであればなおよし」ぐらいで考えて、これだけは譲れないということを3位ぐらいまで定めておくと選びやすくなります。

特に、大企業から転職する人は捨てなければいけないものが多くなり、かなり苦労すると思います。大企業は待遇のいいところが多いですから。そこそこの年収はもらえているし、休日もしっかりあって有休の消化率も悪くない、仕事もそこまでしんどくはないといった感じで、はたから見ると転職しなくてもいいのではないかと思うような状況でも、不満点の方が大きくなってしまい、隣の芝生が青く見えるのですよね。

私も転職結果には大方満足していますが、「この部分は前の会社の方がよかったなぁ」と思うことは多々あります。私の場合は大企業からさらに大企業へ転職しましたが、大企業から中小企業やベンチャー企業へ転職したら、いかに社員が守られていたかということを実感すると思います。入社してみないとわからないこともたくさんあるので転職すること自体多少リスクはありますが、そのリスクを最小限にするために自分が大切にする軸が必要です。

就活も同じで、これが満たされれば自分は満足できるというラインを自分で引いておくことが重要です。妥協をしろと言っているわけではないので、できる限り捨てるものが少なくなるように会社を選んでいきましょう。

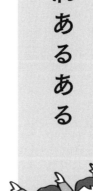

12 一日の流れあるある

ラジオ体操後現場巡回

基本的に工場の朝はラジオ体操から始まります。良心的な会社であれば始業時間後にラジオ体操が流れ始めますが、始業前にやらなければならないパターンもあります。ラジオ体操は怪我しにくくなるからやった方がいいとされていますが、私はやってよかったと実感したことがないのであまり乗り気ではありません。ラジオ体操が終わった後は、だいたい朝礼のようなものがあります。

この朝礼はだいたい昨日発生したトラブルであったりとか、全体に伝えるべきことを言ったりするような情報共有の時間です。私の会社ではだいたい1～2分程度で終わっていましたが、馬鹿みたいに話が長い人がいたらその分朝礼が延びてしまいます。

そしてこの後、私は現場巡回することをルーティーンとしていました。この現場巡回というのは、ただ現場を歩いて設備などに異常がないか見るだけではなく、主な目的は現場の人と会話することにあります。規模がそこまで大きくない工場は現場と密接にコミュニケーションを取りながら仕事を進めていく必要があるので、頻繁に顔を出すことは結構重要なのですよね。

ここで最近あったトラブルや現場の困りごとなどを聞いて、仕事を進めていく形が多いのです。私の経験上、頻繁に現場へ顔を出していると、現場の人とコミュニケーションが取りやすくなって生産技術者としての仕事が進めやすくなると思っています。

あと、現場から用事があって呼び出される場合、基本的に携帯に電話がかかってくるのですが、決まった時間に現場へ顔を出すようにしておくと、現場から生産技術者を呼び出したいときに、「どうせあいつはもう少ししたらここに来るだろう」と思わせることができ、電話をかけてこなくなります。事務所でなんらかの作業に集中しているときに現場から電話がかかってきて呼び出されると一旦作業を中断することになるので、そこで集中力が切れてしまって効率が非常に悪くなりますからね。だいたい朝と夕方の決まった時間に現場に顔を出すことで、現場からかかってくる電話を減らすという手法は我ながら結構よかったのではないかと思います。

特に現場とそんなにコミュニケーションを取らないような生産技術でも、現場巡回をルーティーン化するのはおすすめです。設備の配置や物流など、何回も見ることで気づくこともありますからね。

ルーティーン業務が少ないため毎日が違った流れになる

生産技術者はルーティーン業務が少なく、様々な案件を並行して業務を進めています。現場巡回などルーティーン化した方がいいこともありますが、だいたいは毎日やることは決まっておらず、自分でスケジュールを立てています。

例えば一日の流れとして、以下のようなスケジュールがあるとします。

8：00 始業、現場巡回
9：00 決裁資料作成、図面作成など
12：00 昼食
13：00 メーカーとの打ち合わせ
15：00 社内会議
16：00 その日すべきことを片付ける
17：00 帰宅

これは何もトラブルなど発生せず平和な一日を過ごした例です。

このスケジュールのうち、時間が固定されていて完全に自分の意志では設定できないものは15：00の社内会議だけです。現場巡回はいつやってもいいですし、メーカーとの打ち合わせもこちらで日程を調整できます。

私は午前中の集中している時間帯に多少頭を使うような仕事を持ってくることが多

く、何も考えずにできる事務作業や体を動かすような仕事は午後や夕方に持っていくようにしていました。

このように生産技術職は決まった時間に決まった仕事をしなければならないことは少ないので、自分の立てた業務スケジュール次第で仕事を早く終わらせたりすることができます。

しかし、毎日こんなきれいなスケジュールにならないことぐらい皆さんわかりますよね。だいたい企業のホームページに載っている社員の一日のスケジュールはこんな感じだと思いますが、実際は自分の予期しないことが起こるので計画通りにいきません。具体的には、生産技術者の場合現場からよく呼び出されますが、これは呼び出す現場側の都合で電話してくるので、現場に行かなければ理解できないような案件の場合は行かざるを得ません。後程説明しますがトラブルによっても計画が狂わされる場合が多いです。こういうことが続くとなかなか仕事が進まなくなってきますね。

こういった苦悩はありますが、生産技術の仕事をしていると日々新しい知識を吸収することができますし、かなり頭を使うことも多いので知的ハードワークになります。

そういうのが好きな人には、生産技術の仕事は刺激があって退屈しないのではないかと思います。

私はよく展示会に行って今の技術でどんなことができるかということを調べるのが好きですし、機械関係のことだけでなく、建築や電気、安全や環境など様々なことに関係する仕事をするので、広い知識がつくというのも自身の知的好奇心が刺激されてやりがいを感じています。世間ではあまりいい噂を聞かない仕事ですが、このようにおもしろい仕事ではあるので私はこの仕事をおすすめしています。

トラブルで計画が台無しになる

生産技術職のスケジュールについてもう少し深掘りします。自分で立てたスケジュールが計画通りに進まないことは多々ありますが、最も厄介なのがトラブルですね。

私の経験上、建設から30年以上経過するような工場は設備トラブルが多発します。

建設後50年の古い工場と建設後10年の新しい工場の両方を経験していますが、新しい工場は本当に設備トラブルが少なく快適でしたからね。古い工場の方ではすぐ直せるトラブルはほぼ毎日、ラインを止めなければならないようなトラブルも毎月2～3回は発生していました。

厄介なトラブルの場合丸一日費やしてしまうこともあるのでスケジュールもクソもありません。こういったことが続くと、本来進めなければならない仕事がどんどん後回しになってしまい、仕事が遅いと思われてしまうことにもつながりかねません。多発する設備トラブルに一生懸命対応していて、その影響で仕事が遅くなってしまっても「仕方ない」とはなりませんからね。

したがってトラブルが多い工場では新しいことに挑戦する暇もあまりなく、仕事がつまらない時期もありました。ただ、トラブル対応自体も評価はされているので、自分の対応で工場の危機を救ったとなれば高評価が与えられて賞与が少し上がったりもしましたね。

ただ、やはりスケジュール通りに仕事が進まないとイライラしますし、1つひとつの仕事に深く向き合うことができなくなりますし、残業時間も増えてしまってしんどいです。トラブルによって計画が崩れてしまったとき、私はそれを取り戻すために残業するか、自分でなくてもできる仕事を他の人にやってもらうようにしていました。

人に頼むというのも簡単なことではありませんから、やはりトラブルなく自分のスケジュールで進められることが一番です。比較的新しい、きれいな工場に配属された場合や、生産技術者の他に設備トラブルに対応する部隊がいるところだと自分のスケジュールで仕事がしやすいので、そういう工場に配属された場合はラッキーですね。外から自分の仕事を邪魔される要因が少なければ少ないほど、早く仕事を進めることができ、その分早く帰れますので副業などの時間をしっかり取ることができます。

私は新しい工場で勤務しているときは月の残業時間が10時間もなかったですからね。新しい工場を狙って配属されるというのは難しいので、生産技術や設備関係の仕事をする人が多くいるところを狙うのをおすすめします。

13 しょうもない習慣あるある

朝礼

朝礼というのは習慣付いている場合が多い文化のようなものです。この朝礼には様々な目的があり、例えばモチベーションをアップさせるために行うとか、情報の共有を行うなどです。

しかし、もはやこの目的が「朝礼を行うこと」になっている会社も少なくありません。工場の場合、朝はラジオ体操から始まる場合が多いです。社員みんなどこかしらでラジオ体操をしており、そのラジオ体操が終わったら1か所に集まります。そこで

毎朝朝礼が行われるのですが、私はこの朝礼をほぼ不要だと考えていました。

前日のトラブル内容の共有や、当日に伝えないといけないようなことがあればいいのですが、大半はそんなことありません。なので、毎朝今日の生産予定数や稼働状況について報告するのですが、朝礼前にその情報共有は終わっており、みんな知っている内容を復唱しているにすぎません。

しかも厄介なのが、毎回誰か一人が何か言わなければならない当番が回ってくるということです。別に自分で何か言いたくて発言しているわけじゃないので、適当に思いついた本当にどうでもいい話をすることになります。

この時間、一体誰が得しているのでしょうか。情報共有や業務の引き継ぎのための朝礼ならまだわかりますが、この意味不明なスピーチ時間は本当に無駄だと思います。何十年も前の時代に、誰かがこのスピーチをやろうと言い出して、残念ながらそれが習慣化してしまったのでしょうね。もはや脳死状態で行われています。

朝礼はコミュニケーションの活性化が目的だといわれることもありますが、そんなこと朝礼で全員の時間を取ってやる必要はありません。コミュニケーションぐらい朝礼が終わった後にでも取ればいいと思います。本当に皆が目的意識を持って朝礼をやっているのであればいいと思いますが、このように形骸化しているものが多く、何のためにやっているのかと聞かれれば、やっていることに無理やり意味を持たせるために情報共有やコミュニケーションといった名目が出てきますが、私の経験上実際そんなに機能していないことが多いです。

　このように一度習慣となってしまったものは止めることが非常に難しく、なんとなく意味があるからやっているのだろうとか、止めたことで何かが起こってしまうかもしれないという意識が働いてしまうものです。皆さんの職場で行われている朝礼は本当に意味があるのか、今一度考えてみてはいかがでしょうか。

トイレ掃除

　トイレ掃除については、社員にやらせている会社も多く、賛否両論あるのではないでしょうか。

基本的に従業員の人件費よりもトイレ掃除を外部委託したときの費用の方が安いことが多いですし、プロにやってもらった方が絶対にきれいになります。社員も普通の業務でただでさえ忙しいのに、トイレ掃除などやりたくないですよね。社員のモチベーション低下にもつながります。

社員にトイレ掃除をさせることにあまりメリットがあるように思えませんが、それでも社員に掃除させる会社というのは、おそらく古い価値観をいつまでも抱えている経営層が在籍しているからだと思います。自分たちで掃除させることで、日頃掃除をしてもらっている人への感謝が生まれるとか、心がきれいになるとか考えているのでしょう。

こういった考えを持つ人が上に立っていると、新入社員研修にもトイレ掃除を入れてしまうことがあります。入社していきなりトイレ掃除の研修なんかあったら私の場合すぐ辞めてしまいそうですけどね。トイレ掃除するために会社に入ったわけではないのですから。

しかもトイレ掃除を素手でやらせるという暴挙に出る会社もあります。精神論でトイレ掃除をさせている場合はこういった意味不明な暴挙に付き合わされてしまうのです。本当に気になるのですが、素手でやらせる意味って何なのでしょうね。素手でトイレ掃除をさせている人に話を伺ってみたいものです。１００％納得できないと思いますが。

だいたいこういった理不尽な新入社員研修があるような会社は総じてブラック企業なので、すぐに転職して環境を変えることをおすすめします。

掃除に関して、他にも始業前に課長など上の役職の人の机を掃除してきれいにするという文化の会社もあります。これもなんだかパワハラを助長させてしまうような気がしてあまりいい文化とはいえませんね。机の掃除くらい自分でしろと言いたくなってしまいます。

こういった古い習慣が残っているのはＪＴＣではありがちで、そういった非合理的なことが嫌いな人は日系大企業に入ることはおすすめできません。

飲みニケーション

最近は減ってきていると思いますが、いまだに部下とコミュニケーションを取る方法が飲みに行くことしかないと思っている人も多いと思います。

よく最近の若者はお酒が好きじゃないとか、上司と飲みに行くことを嫌がるとか取り上げられることがありますが、これに関しては今の若者も昔の若者もそこまで変わってないと思います。

何が変わったのかというと、今は我慢しなくてもよくなってきた、ということだと私は思います。今の40代以上の人の話を聞いていると、昔は上司の誘いを断るなんてあり得なかったし、昇進にも影響したと言っていました。

会社に入った時点で、それも仕事のうちとして割り切るのが当たり前の価値観だったのでしょう。ただ、今はどうでしょうか。無理やり誘ってもパワハラになってしまうし、無理やりじゃなくても部下に嫌がられたらそれもパワハラになってしまいます。

ましてや女性社員なんか絶対誘えませんよね。誘う方のリスクがでかすぎます。

要するに上司より部下の方が会社に守られる時代になってきたわけです。部下は部下で上司の誘いを断っても問題ないという意識があるので、少しでも行くのが面倒だと感じたら我慢せず断る人が多くなっているように思います。こうなってくるとそもそも上司から誘うことはリスクでしかなくなってくるので全体として飲みに行くというのが減っているのではないかと思います。

メディアなどの取り上げ方として、ゆとり世代やZ世代は飲み会が嫌いなどと一括りにされていることがよくありますが、決してそんなことはありません。我慢しなくてよくなってきたということと、結局行くかどうかを決めるのは相手によるということです。普段から特段仲良くない上司と飲みに行きたいですか？　気を遣うし自由に発言できないしそりゃ行きたくありませんよね。

上司とは行かないけど歳の近い先輩や後輩、同期となら喜んで行くって人は多いのではないでしょうか。結局ただその人と別に飲みたいと思わないから行かないだけなのですよね。

私は上司を尊敬しているので誘われたらもちろん行きますし、自分から誘うこともよくあります。その人と話したいと思えるなら上司とか関係なく行くのです。

忘年会のような大人数が参加する飲み会だと、別に話したくもない人と話さないといけなくなるので若手は行きたがらないのだと思います。ただ、稀に一緒に飲むことでその後の関係性がよくなるということもあるので、若手の皆さんは誰かに誘われたとき、とりあえず最初の一回は行ってみることをおすすめします。

始業前から仕事

これ、どんな会社でも横行しているような気がします。少なくとも私が経験した2社とも始業前からガッツリ仕事している人はたくさんいました。工場勤務は始業が8時で、ただでさえ朝が早いのに始業1時間前とかに来て仕事しているのです。しかも一番私が意味不明だと感じているのは、この始業前の時間は勤務時間としていないという点です。皆さん残業は普通にしますよね。17時が定時だとして、そこまでに仕事が終わらず、18時までかかってしまった場合は1時間残業時間としてカウントしますよね。しかも多くの会社ではこの定時後の残業は当たり前に行われていて、特に上司の承認が必要であることはほとんどないと思います。だからこそ生活残業と呼ばれる無駄な残業が発生するのですが、これを朝やることはなぜか許されないのですよね。

私は夕方よりも朝の方がパフォーマンスは上がるので、夕方につけている残業分を始業前に持っていきたいという相談をしたことがありますが、前例がないという理由で断られました。どっちにしても残業するのであれば生産性が高い時間帯に仕事した方がいいはずなのですが、これができないのです。

なので、世の中には残業代も受け取らずに無給で始業前に仕事をしている人がたくさんいます。お金を稼ぐために仕事をしているはずなのに、無給で仕事をしていることに関して何の疑問も持たないのは本当に謎です。

会社のために余計な時間を使いたくない人は、朝は極力ギリギリの出社にするのがよいでしょう。あとよく聞くのは、始業前は仕事の準備が必要だから少し早めに出社すべき、みたいなことですね。これも意味不明です。

仕事の準備も仕事のうちじゃないのでしょうか。なぜ「仕事の準備」という「仕事」をしているのに残業代が出ないのでしょうか。給料を時間管理しているのだから「仕事の準備」も業務時間内にやるべきだと私は思います。まぁ本人がやりたくてやっているならいいと思いますが、あまりにも始業前に無給で働く人が多いのでそれが当たり前となっている雰囲気が私は嫌いです。

そう考えると、やはりフルフレックスの会社は羨ましいですね。当然始業前の無給の時間はなくなりますし、遅刻という概念もないですし、自分が集中できる時間帯で働けばいいわけですから生産性も上がります。工場勤務ではなかなかできない働き方のように思えますが、生産技術職だと可能です。私もやったことがありますからね。工場でもフルフレックスを採用する会社が増えるといいですね。

14 好かれる人あるある

素直

会社員において、素直さというのは非常に重要です。素直な人にはいくつかの特徴があるのですが、まず1つ目の特徴として、失敗したときにそれを取り繕わず素直にまっすぐ受け入れて、その失敗を次の仕事につなげるということです。

素直でない人は、自分の失敗や他人の意見を受け入れられない場合が多くあります。たとえアドバイスが正しいと頭では理解していても、自分のやり方が正しいと意固地になってしまいます。一方、素直な人は自分の考えに固執せず、柔軟に失敗や周りの意見から学び、自己の成長につなげます。このように、同じ失敗を繰り返さないように、に、全力で努力する前向きな姿勢は、周囲から好感も得られます。

　2つ目の特徴として、環境の変化に対して臨機応変に対応できる柔軟性があるということです。例えば工場の生産技術の仕事においても、今の時代次々に新しい技術が出てきているので、それらを取り入れていくことが重要になってきます。そのような中で、これまでと同じやり方や決まったことにしか対応できないのでは、周囲に取り残されてしまうでしょう。典型的なＪＴＣのパターンですね。環境の変化を恐れず、常に視野を広く持ち、新たな挑戦ができる人材は非常に重宝されます。

　3つ目の特徴として、立場に関係なく、謙虚に相手の話を聞けることです。これが最も人に好かれるポイントになるでしょう。上司や先輩社員が常に正しいことを言っているとは限りませんが、社会人経験が浅い場合は、まず話を聞いて教えられた方法を試してみることが大切です。このとき素直な気持ちがなければ、アドバイスも話半分で聞いてしまい、重要なポイントも聞き逃してしまいます。教えられた方法をいろいろと試してみながら、徐々に自分に合った方法を見つけていくことができる人は成長が非常に速く、会社の戦力にもなりやすいのです。

このように素直さを持っている人は、失敗を次に活かして周りのいいところをすぐ取り入れることができるので、成長するポテンシャルがあります。上司だって成長しそうな人に仕事を教えた方がやりがいはありますよね。

さらに人の話をしっかり聞くことができると、職場の雰囲気もよくなっていきます。この人に相談すればしっかり聞いてくれると思えたらどんどん自分の意見が出しやすくなりますし、チームで仕事をしている場合も建設的な議論ができることでしょう。

素直さは会社にとっても個人にとっても仕事を進めていく上で非常に重要なので、特に新入社員の方は素直でいることを意識すべきだと思います。

感謝、謝罪ができる

素直さの部分で挙げた特徴に似たものがありますが、「ありがとう」や「ごめんなさい」がしっかり言える会社員も好かれます。ものすごく当たり前のことを言っているようですが、これができない大人は本当に多いです。

これは若手も中堅も関係なく、中途半端に変なプライドを持っている人は感謝や謝罪ができない傾向にあると私は感じています。ミスを認めたら自分の負けになる、感謝したら自分の地位が下がるなどと考える人が少なくないようです。育ってきた環境なのか、そう教えられてきたのか、それが今の常識なのかははっきりわかりませんが、言動を見たり、実際に話を聞いているとそんな認識を持っていると感じます。

私も、素直に自分から折れることができなかったり、謝るタイミングを逃してしまったり、恥ずかしくて、面と向かって「ありがとう」が言えなかったなんてことは今までの人生で何度もあります。ただ、自分から非を認めないことが当たり前になっていて、この人には何を言っても無駄だから会話するのはやめよう、と諦められている社員も何人か見てきました。当然このような人がチームで仕事ができる位置にいるはずがありません。ポジション的には窓際社員であることが多いです。

私は工場の現場の人と一緒に仕事をすることが多いのですが、感謝や謝罪ができない人は本当に多く、どうにかしてその人を避けて仕事を進める方法を模索していましたね。ただそういう人が班長や職長だったりするので、話を通さないわけにはいかないのです。

私が感じる生産技術職のやりがいの1つとして、現場からの感謝が挙げられます。現場からいろいろな要望を聞き入れて、それを実現して感謝の言葉をもらう。感謝の言葉が仕事のやりがいという人は多いと思いますが、お願いだけしてきてそれをやっても感謝の一言もないのであればやりがいもクソもありません。

このように感謝も謝罪もできず、一緒に仕事をしたくないと思われるような人は当然上司や部下からの信頼は得られませんし、自然と孤立していましたね。歳を重ねると他人から何かを学ぶという意識が薄れてきて、他人を蹴落とすことで自分が相対的に上になろうと考える人が感謝や謝罪ができなくなってしまうのかもしれません。

そうなってしまうと工場内外に関係なくどんな場所で仕事をしてもうまいこと進まないと思うので、絶対に自分はそうならないと誓いましたし、周りにそういう人がいれば反面教師にするのがよいでしょう。

優秀

これは言うまでもありませんね。ただ一言に優秀といってもいろんな種類の優秀さがあります。

私が考える優秀な人の特徴として、1つ目が臨機応変さを持っていることです。優秀な人は、常に自分をアップデートさせることを考えているため、過去の成功にとらわれません。特に最近は工場の自動化であったり、DX化など、今までやったことがないことを進める力が生産技術者に強く求められているので、時代に合った立ち回りをするということは非常に重要です。製造業ではこのような優秀さを兼ね備える人が少なく、今までやってきた経験や知識などは豊富だけどそれを新しいことにつなげることができないのが普通です。

かく言う私もそこまでの人間ではありません。しかし、ごく稀に0から1を大量に生み出すことができる人材が紛れているのですよね。そのような人材は非常に重宝され、大企業でももはやその人がいないと会社の成長が止まってしまうレベルということもあり得ます。こういった臨機応変さを持つ人は学ぶことが上手で、上司や部下、サプライヤーなどの立場にかかわらず様々な人から学びとる姿勢を持っています。

2つ目の特徴として、仕事を楽しんでいるということです。これは会社員ではなかなかお目にかかれませんが、このようなタイプも稀に存在します。仕事を苦だと思わない人は本当に無敵です。新しい知識を身につけることが楽しいので勉強熱心であり、仕事自体が楽しいため残業もそれほど苦としていません。

私のような人間はただでさえ長い時間働くことが嫌なのに、勉強熱心な人が他の人より長い時間働いていたら勝てるわけがありませんよね。仕事を楽しむことができるため、1つ目の特徴で記載した新しいことに挑んでいくことにも迷いがありません。したがって結果的に会社への貢献度も凄まじいことになっていきます。仕事だけじゃないですが、楽しんでいる人には本当に敵いませんね。

私も心底楽しめる仕事を見つけたいと思っていますが、そんな天職のようなものは1社や2社経験したぐらいで見つけることはできません。そもそも雇われの身である会社員は自分の思い通りに仕事を進められないことが多いので、楽しむということはかなりの難度だと思います。

私は会社員として天職を見つけることは難しいと考えているので、副業でいろんなことに手を出してみて自分が楽しみながら稼げることを探している最中です。楽しめる仕事を見つけるためには１つの会社で長く働くのではなくて、いろんな仕事を経験することが一番の近道ではないかと思います。

15 工場の総務あるある

物の場所を聞かれる

これはそこまで規模が大きくない、社員１００人以下の工場にありがちです。

工場によって物の置き場とか、管理者とかは異なっているので一概には言えませんが、私の勤務する工場ではいろいろな物、特に事務的な作業のとき使用するものは事務所に置いていました。もちろん工具やハサミ、のりなどの文房具みたいな毎日誰かが使うようなものは現場にも置いていましたが、封筒や付箋といったものは事務所にしか置いていませんでした。現場の人がそういうものを欲しいときに、事務所に来て総務の方に、「あれってどこ？」と聞くまでが必ずセットになっています。どんなものでも絶対に聞かれます。

総務の方はいろんな人に何回も物の場所を教えて、なんなら同じ人に同じことを何回も教えている場合もあります。総務の人も渋々教えることにしていますが、仕事に集中したいときにフラッと事務所に現れて質問によって集中を阻害してくるのですからかなり厄介ですよね。

私の工場では基本的に事務所で使うような小物は総務が発注して、総務が片付けているのでそういった物の場所は全て総務が聞かれる運命にあります。しかも現場の人も場所を覚えようとしないのですよね。

基本的に彼らは「聞いた方が早い」という思考回路になっていて、聞くことによって他人に迷惑をかけるかもしれないというところまで考えることができる人は少ないので、もはや自分で探す前に物の場所を聞いてしまいます。

これは「しょうもない仕事を頼まれる」の項で記載した通りの考え方です。自分たちは部下や後輩を指導するときに、「2回同じことを聞くな！」と指導するのですが、本人は他の人に余裕で2回以上同じことを聞いてしまっているのです。もう少し自分の行動を見返してほしいものですね。かくいう私も、総務の方に2回以上同じ物の場所を聞いたことはありますけどね。

さすがに私は事務所で仕事をしているので、もちろん最初は自分で探しますよ。自分でも思いますけど、本当に物の場所とか覚えられないですね。

工場で総務をやろうとしている方は、こんなふうに何回も同じことを聞かれることに耐えなければいけません。もっと規模が大きい工場の場合はそもそも備品の管理を総務がしていないことが多いので、こういうことは少ないかもしれませんね。特に男性の皆さん、備品の場所は大雑把にでも覚えておいて、自分で探せるようにはなっておきましょう。総務は総務で忙しいですからね。

催促が大変

工場の総務は備品の発注や管理以外にも様々な仕事を行っています。その中でも厄介なのが、現場の人に催促しなければいけない仕事です。

具体的にどういう仕事かというと、一番多いのが勤務表の確認ですね。私の工場ではそれぞれ個人がＰＣにログインし、とあるシステムに勤務時間を記入していくのですが、総務が全社員の勤務表を確認し、その後次長が承認するといった流れでした。

確認するだけだからそんなに大変なことはないだろうと思われるかもしれませんが、これが確認するだけでは済まないのです。まず記入を間違ったまま提出する人が大量にいます。もちろん私も間違えたまま提出したことは何回かあります（ごめんなさい）。

勤務表には、交替勤務の人用、有休を使用したとき、代休を使用したときなど、様々なパターンがありますが、先ほどの項でも解説した通り現場の人はこれを覚えようとしません。覚えようとしているのに覚えられないのであればまだ仕方ありませんが、そんなふうには見えないのでおそらく覚える気はありません。

間違った入力のまま提出されるので、その人に差し戻しをして、再提出してもらわないといけないのですね。しかし、ただ差し戻すだけでは現場の人は常にＰＣを見ているわけではないので気づきません。したがって総務は間違えて提出した人に対してわざわざ電話をして、再提出の催促をするわけです。これがひどいときは10人以上いるわけですから、これだけで大変ですよね。月末なので勤務表の締め切りも迫っている中、全然再提出をしてこない人もいるので、そういった人にまた電話をして何回も催促しています。

「何回も言わせんなよ!」と思いますが、現場の人にとって勤務表を提出するという行為は仕事の優先度でいうと下の方に設定している場合が多いので、何回も催促しないと出さない人がいるわけです。

現場で勤務表の締め切りを伝えるときは、班長がその職場の全員に伝えるので、その班長がしっかりしている人であればその部下も提出を遅れることはあまりありませんね。勤務表だけではなく、アンケートをいつまでに回答してくださいとか、e-learningをいつまでに受講してくださいとかもあるので、それらの期限が迫ってくるたびに総務の人がいろんな人に催促しています。

工場の総務はこういった細かいことが積み重なって忙しくなっている場合が多いので、少しでも負担を減らすために期限はしっかり守り、何かを提出するときは自分で再度確認する必要がありますね。まぁみんなそこまでやってくれれば苦労はないわけですが。

いろいろな雑務をこなしている

小規模の工場の場合、生産技術者のみならず総務もなんでも屋と化してしまうことがあります。総務の仕事は、工場の運営に欠かせない仕事全般を行います。業務内容としては、ファイリング、備品管理、会議や社内イベントの企画運営、電話対応、来客対応など様々です。

私の会社では経理が存在していなかったため、これに加えて預金・現金管理、伝票起票、経費などの領収書の整理と仕訳、現金出納帳の記入とチェック、未払金や立替金の処理などの経理業務も行っていました。さらには工場の事務所で使用している食器を洗ったり、お客さんが来場したときにお茶を出したりと細かい雑務も行っています。これらに加えて、この項目で解説した「物の場所を聞かれる」、「催促」などが入ってくるのでもう大変です。

人数が多い部署の総務は、業務の細分化がされている場合が多く、毎日定時帰りできるぐらいゆったりと働くことができる人もいます。しかし小規模の工場では1人に対していくつもの仕事を割り振っていかないと回らないので、様々な仕事を抱えることになります。しかも、これは誰の仕事かわからないという場合はなんでも屋とされている総務に降りかかることが多いのでどんどん業務過多になっていきます。

総務は派遣の人が担うこともありますが、このように会社によって担当領域に大きな違いがあるため、派遣先を決めるにあたっては派遣先の会社で総務が担当する領域を調べておくべきです。人が少ない職場では派遣社員にも重要かつ量が多い業務をさせることがありますからね。

このように総務は、物の場所や会社の手続きなどを聞けばだいたいのことがわかるので、工場のお母さん的な役割を担っています。現場の方が総務に何か聞きにくるときは本当にお母さんと子どものように見えてきます。

本人はそんな役割を担いたくないと思っているはずですが、なんでも屋なので仕方ありません。小規模の工場の場合、生産技術部門も総務もなんでも屋になりがちなので、意外と似た職種なのかもしれませんね。生産技術者がなんでも屋になるのは不本意ですが。

16 安全あるある

熱中症のリスクがある

工場では夏場にとんでもない暑さになることが多々あります。工場内で発生する騒音を気にしたり、外からの異物混入を防ぐため窓が少なく、あまり換気ができない場所がありますが、そういったところは40℃超えの地獄のような暑さになることがあります。日光は直接当たっていないのでそこまで温度が上がらなさそうですが、モーターやその他設備が発熱して周囲が暑くなるのです。

物理などで勉強するジュール熱というやつですが、簡単にいうと電気のエネルギー

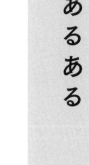

が熱エネルギーに変換されて発熱しています。家庭用の家電なども使用しているときは温かくなっていますが、それと同じです。

ただし工場のモーター等は数も多いし発熱量も大きいので周囲の温度を上げるレベルになってしまいます。工場では一日中現場で作業することも珍しくはありません。40℃超えの部屋で何時間も作業って、想像しただけでも地獄であることがわかると思います。

しかも工場によっては、異物混入を防ぐため現場に飲み物などの持ち込みを禁止している場所もあります。いちいち遠いところにある飲み物を取りに行くのが面倒で何時間も作業していると熱中症になります。私の工場でも何人も熱中症になっていました。そのたびに大型扇風機を購入したり、空調服を購入したりしていましたが、やはり限界があるので結局は個人でこまめに休憩を取ってもらうしかありません。

空調などの仕組みで解決するためには多額の投資が必要なので、工場での熱中症リスクはなくならないのです。こうなると、工場で勤務しようとしている人は、熱中症のリスクが少ない工場を自分で選ぶしかありません。

私の工場でも、場所によっては冷暖房が完備されている部屋もありましたが、冷暖房が完備されている可能性が高い工場は以下になります。

●生鮮食品工場
●食品製造・加工工場
●精密機械製造工場
●医薬品製造工場

あくまでも可能性の話なので絶対ではありませんが、右記の工場であれば空調が効いた部屋で勤務できる可能性が高いです。

生産技術者の目線でいっても、空調が完備されている工場で勤務したいところです。生産技術者もよく現場に出ることはありますし、空調の少ない工場だと制限された条件の中で暑さ対策をしろという難度の高い業務をさせられることになるからです。

これは私も痛いほど経験しており、暑さは人をイライラさせるので二度と暑さ対策関係の仕事はやりたくありませんね。

安全を舐めているとキレられる

これは新入社員が特に気をつけなければならない内容です。工場では本当に怪我が多く、人が亡くなったりする事例もあるため、どんな工場も安全第一を掲げていると思います（実際には人の安全より製品の品質や納期が優先されてしまうことが多いですが）。そのため、特に現場では安全に関して非常に厳しく教育します。この厳しさが、今まで普通に暮らしてきた人にとってはギャップとなるのですよね。

私は新入社員の頃、脚立の使い方で怒られた経験があります。当時少し高いところで作業するため、脚立を用意して、脚立の一番上の平面の部分に立って作業していました。作業が終わって脚立から降りたときに、「危ねぇだろお前！」と怒鳴られました。私は当時「いやそんな危ないか？」と思っていましたが、そもそも会社のルールとして、脚立は一番上から2段目以降しか使ってはいけないということになっていました。

まずルール違反をしているので怒られて当然ですが、これは実際非常に危険なので私は現場の方にブチギレられてしまいました。今考えると、よくあんな危ないことをしていたなと思います。初めて工場に配属された新入社員は脚立を初めて使うかもしれませんし、脚立で起こった事故例なども知らないかもしれません。そういうことを教えてもらうと、いかに脚立での事故が多いかということがわかってくるので、そこからはしっかりと気をつけるようになります。

私は当時「そんなキレんでもええやん……」と思っていましたが、怪我をしてからでは遅いので本気で怒られていた方がいいと思います。

本気で怒られた方が印象に残りますし、なんであんなに怒るのだろうと自分で考えますからね。あれはいい勉強になったと思います。ただ安全に関することだからといってキレまくるのもよくないですが。

私のように多少舐めてかかっている人はキレられて当然だったと思いますが、真面目に作業していてたまたま危ないことをやってしまったときにキレられると、キレられた人はキレた人に怯えて余計動きが悪くなって怪我のリスクが上がるということも考えられます。

うまく注意するっていうことはなかなか難しいですが、安全に関して教育するときは、その作業がどれぐらい危ないかということを具体的に説明してあげるのがよいと思います。一番効くのは実際に怪我をしている映像を見たり、自分で経験したりしそうになったりすることなので、その場面を鮮明に想像させるということが重要ですね。

フォークリフトが速くて危ない

工場ではパレットに載せた荷物を搬送するためフォークリフトを導入しています。私の勤務する工場では特に出荷部門で多くのフォークリフトが走っており、運転手は何年、何十年も運転しているベテランが多いのでフォークリフトの運転に慣れており、中には時速30㎞という原付並みのスピードで構内を走っているフォークリフトも見かけます。

出荷部門にも様々な設備があるため生産技術者もそこへよく行くのですが、フォークリフトが速すぎるので若干恐怖を感じることがあります。運転手はベテランなので大丈夫だと思い込んでいるのでしょうが、全国の様々な工場でフォークリフトの事故が起こっているので、こういう慣れた人がスピードを出して事故を起こすのだろうなぁといつも見ていました。

歩行者もフォークリフトの動線を歩くときは十分注意するのですが、何回も接触しそうになったことがあります。フォークリフトにも死角があるので、たまたまそこを歩いてしまうと運転手から見えずに衝突してしまうという事故が本当に多いのです。そもそも構内では速度制限が設けられており、その制限速度は時速10㎞なので時速30㎞で走っていいわけがありません。ただ、早く荷物を運びたい運転手にとっては時速10㎞というのは遅すぎるのでここまでのスピードを出してしまうのですね。

危ないため歩行者が通行禁止の場所も存在しますが、設備が近くにある限りはそこに行かないといけないので完全にフォークリフトと歩行者を分離することはできません。だからこそ、このフォークリフトの事故例については特にフォークリフトの運転手に改めて意識してほしいところですね。

ちなみに、今はフォークリフトも無人で運転できるようになっており、私の工場も導入していました。無人のフォークリフトは人感センサーを搭載しており、人が近づいたら止まりますし、万が一接触してもその瞬間止まるようになっているため有人のフォークリフトよりは安全性が高いです。

しかし無人のフォークリフトは安全性を重視しなければならないので速度が非常に遅く、無人フォークリフトと共存していた有人フォークリフトの運転手はみんなイライラしていましたね。全て無人なら問題ないかもしれませんが、そんな莫大な投資ができる最先端の物流倉庫などそうそうありませんからね。

皆さんもフォークリフトの周辺を歩くときは十分注意しましょう。近くを通るときは運転手がわかるように声を出すのがおすすめです。

怪我を隠しがち

工場では怪我が多いということはわかってもらえたかと思います。脚立から落下したり、フォークリフトに衝突されたなどは別ですが、もっと小さい怪我の場合は隠して報告しないということがあります。工場で働いていない人からすると意味不明だと思いますが、これは工場ではあるあるです。

怪我を隠してしまう理由にはいくつかあります。

まず１つ目に、工場では無災害記録といって何日連続で怪我をしていないかという日数をカウントしているところが多いです。例えば無災害記録３６４日で、あと１日で１年に到達するというときに指を切ってしまうような怪我をした場合、あなたはどうしますか？　自分の軽い怪我のせいで１年間続きそうだった無災害記録が止まると考えると、なんだか報告しにくくないですか？　これが工場内の安全に関する重要な指標とされていた場合はなおさらですね。

2つ目に、怪我をすると仕事が増える可能性があるということです。怪我をしたときは責任者に報告しなければならないのですが、報告した後に今後同じことが起きないように是正処置を考えさせられることがあります。単なる自分の不注意で怪我をしたからといっても、「今後注意する」では通りません。構造上その怪我が起こらないようにする必要がありますが、これはかなり難しいので考えるだけでも大変です。

自分で考えさせられる以外に、生産技術者が考えろというパターンもあります。残念ながら私の工場はこのタイプだったので、怪我をした、もしくはしそうなところは生産技術者がなんとかしろということになっていました。誰かが怪我をすると私の仕事が増えるので本当に嫌でしたし、他の人に迷惑がかかると思って怪我を報告しない人もいましたね。

このように怪我をしたことを報告すると自分や他人の仕事が増えるので報告をためらう人が多かったと思います。ただ、このように報告が上がらない現場だと何が危険かということもわからない工場になってしまうため、重大事故につながるリスクが非常に高くなってしまいます。したがって小さい怪我もすぐに報告されるような工場が健全ですが、そういった雰囲気を作るのはなかなか難しいですね。

工場に安全担当がいて、その人もしくはその部署が、怪我が発生したときの対応を全て行うような組織体制ができていれば報告しやすい環境になると思います。

17 ブラックな工場あるある

事務所の雰囲気が悪い

まずブラックの定義について話しておきます。

私が考えるブラックな職場の定義は、「勤務していて心身共に過酷である職場」を指します。働きやすさには人間関係や金銭面など様々な要因がありますが、これらを全て含めて考えた上での定義として捉えていただければと思います。

生産技術や品質管理など総合職の場合は工場でも事務所での勤務となります。ブラック気味な工場はこの事務所の雰囲気が悪いという特徴があります。

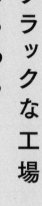

ブラックになりうる職場の条件として1つ考えられることは、責任者レベルの偉い人が、他人に対して怒鳴ったり、否定ばかりするような人であるということです。嫌な上司の項目でも説明しましたが、怒鳴るような人がいる職場は最悪です。その人1人のせいで職場の雰囲気が一気に悪くなり、その雰囲気が他の人にも伝播していって職場全体の人間関係が希薄になっていきます。

否定から入る人がいてもきついですね。もし上長が否定から入るような人であった場合、職場全体の業務スピードがものすごく遅くなってしまいます。会社員の仕事は、基本的に上長に承認をもらわないと進まないことが多いですよね。その上長が基本否定してくるような人だと、稟議を出しても出してもなかなか通してもらえないため、稟議書を作ることに時間がかかってしまい、進めたい業務に着手するまでにかなりの時間がかかってしまいます。

承認者が重箱の隅をつつくような人だともうどうしようもありません。重箱の隅々までつつかれても問題のない完璧な稟議書を作成しないといけません。業務を進める最終目標は稟議を承認してもらうことではないはずですから、資料作りに時間をかけていては業務の進捗が遅れるのも当然です。穴がありすぎるのに稟議を通してしまう上長も問題ですが、多いのは１００％になるまで承認しない上長ですね。

このように事務所の雰囲気は責任者によって左右されてしまうため、工場のトップである工場長や次長などは自分の言動に気をつける必要があります。

事務所で怒鳴り散らす上長がいる場合、事務所の人は聞きたくもない怒鳴り声を聞きながら仕事しているため集中できるわけがありません。自分が職場全体の生産性を落としていることに自覚がないのでしょう。

もし皆さんがそういった職場に入ってしまった場合は精神的に病んでしまう可能性もあるので、異動希望を申し出るか、それが叶わないなら転職した方がいいでしょう。自分の身は自分で守るしかありません。

残業時間１００時間超え

ブラック企業といえば長時間労働ですよね。工場でもこの長時間労働がいまだに行われているところは多々あります。

２０１９年から原則として残業時間の上限は月45時間、年３６０時間と定められたので長時間労働はなくなったのかと思いきやそんなことはありません。もちろん２０１９年以前よりは随分マシになっていますが、依然過労死ラインを超えている人もいます。

上限は月45時間、年３６０時間と記載しましたが、多くの企業は特別条項と呼ばれる、臨時的な特別の事情があって労使が合意する場合の条件を適用しています。その条件は以下のようになっています。

●時間外労働が年７２０時間以内
●時間外労働と休日労働の合計が月１００時間未満
●時間外労働と休日労働の合計について、「２か月平均」「３か月平均」「４か月平均」「５か月平均」「６か月平均」が全て１月当たり80時間以内
●時間外労働が月45時間を超えることができるのは、年６か月が限度

このように年間の上限はありますが、残業時間が１００時間までならＯＫの月も発生することになります。私自身１００時間の経験はありませんが、周りでその程度の残業をしている人はいました。特に人が少なく、様々な業務を兼任しているような人は繁忙期になると１００時間近く残業することはあり得るでしょうね。

別の項目でも解説しましたが、朝は残業を付けずに勤務している人もいますので１００時間程度の残業時間を付けている人は、実際勤務している時間は余裕で１００時間を超えていることでしょう。ただ、一般社員はこの特別条項に一応守られていますが、管理職になると上限がなくなります。そもそも残業という概念がなくなるので会社側は残業を何時間でもさせていいことになります。

悪いことを考える会社は、名ばかりの管理職に昇格させて、残業代を支給せず長時間労働させる手法を用いることがあるようです。管理職の人がそれ相応の業務を与えられておらず、実態と異なる場合は違法に当たりますがうまく逃げている企業も多いです。

このように長時間労働が蔓延している部署に配属された場合は注意が必要です。大企業であればしっかりと法令遵守されているところが多いですが、中小企業はサービス残業が当たり前のところも多いですからね。人間は適応力があるため長時間労働にも慣れていってしまいますが、気づいたら体を壊していたということがあるので、長時間労働が当たり前の職場で我慢しながら働くのはやめましょう。

老朽化した設備が多い

老朽化した設備が多い工場も生産技術者の負担となることがあります。設備に全然お金を投資しない企業体質の場合、工場ではいまにも壊れそうな老朽化設備が更新されず、長い期間使用されることになります。そういった設備は、メンテナンスをしていたとしてもある日急に限界を迎え、動かなくなってしまうことがあります。

私たち生産技術者はそういったトラブルにも対応して生産ラインを復帰させないといけない（他の課が担当することもある）のですが、完全に壊れてしまった設備はどうしようもできません。それが大きめの設備で予備を持たないようなものだった場合、なんとかしてメーカーに修理してもらうこととなりますが、何十年も前の設備である場合メーカーも廃業していることがあり、そこまでくるとどうしようもありません。

絶対にその設備がないと生産できないラインであればもうそのラインでは製造不可となります。そこまでいくことはなかなかありませんが、故障が多発することには変わりありません。

工場内には大型から小型まで大量の設備がありますので、老朽化した工場では毎日のように何かしらの設備が調子悪くなったり、止まったりしてしまうのです。そんなに設備トラブルが起こってしまうとその対応をしなければいけない人は普段の業務を進めるどころではなくなります。そうなると残業が増え、先ほど説明したように残業時間１００時間近い社員が爆誕するわけですね。

私は老朽化した工場と、建設して10年経過していないきれいな工場の両方を経験していますが、生産技術の忙しさは段違いです。新しい工場では毎月20時間以上残業時間が減っていたと思います。設備投資をケチることによって設備トラブルが多くなることはわかっていただけたと思いますが、自動化が進まないという問題も発生します。

工場の自動化や業務効率を上げるためのシステムを導入するときは多額の費用が発生します。将来的にこの投資を早く回収できると見込めれば進めることができますが、自動化は割と長い投資回収期間がかかりますので、決裁権を持った人が将来よりも目先の投資しか考えない人であったり、そもそも老朽化設備を更新する費用で予算がいっぱいいっぱいになってしまうときは自動化やＤＸ化が全く進みません。

そうなってしまうと生産技術者としての実力も上がりませんので、設備投資をしない、もしくはできない企業ではあまり長く働かない方がいいかもしれません。次に転職しようとしたときに老朽化設備の更新しかしたことがない人材となると市場価値が下がりますからね。

18 無駄な仕事あるある

無駄なチェックリスト

工場では少しでも誰かがミスするとチェックシートが増えがちです。

例えば現場が行う作業で、数字を入力する作業があったとします。普段同じ作業をしているので間違えることはほとんどありませんが、たまたま記載する数字を間違えてしまったとしましょう。このような場合に、解決方法としてチェックシートを作るということが挙げられます。このように誰かがミスするたびにチェックシートが増えていくのですが、これは無駄です。

このチェックシートは根本的な解決方法にはなり得ません。確かに最初の方はチェックすることによって注意するとは思いますが、1か月も経たないうちにほぼ形骸化します。現場は上からチェックをつけろと言われているのでただつけるだけになります。いまだにチェックリストを作成させたり、二重チェックをさせておけばミスがなくなると思い込んでいる頭の固い人がいますからね。

あとは、こういったミスが発生した場合、人のミスをなくさせようとするのではなく、システム上ミスが発生しないようにすべきです。今回の例だと数字を入れる作業をミスしているので、自動的に数字が入るようにシステムを組めばいいのです。

ただ、ミスしない構造を考えるのは大変ですし、実際にそれを実行しようとするとさらに大変です。ただでさえ忙しいのにそこまで考えようとしたくないですよね。こうして安易なチェックシートという解決策に頼っていくことになるのです。

チェックシートというのは、昔はなかったのに誰かのミスのせいで作られてしまったという場合が結構多いので、皆さんは現在工場にあるチェックリストが本当に必要なのか考えてみましょう。実際適当にチェックしているチェックリストはいくつかあると思います。チェックリストをなくすだけで無駄な仕事を減らせることでしょう。
チェックリストをどうしても廃止できない場合は、中身を見てみることも重要です。「～を確認する」などの曖昧なチェック項目があるのではないでしょうか。

「熱が37℃以下である」など具体的な数値が入っている項目ならまだチェックのしがいがありますが、「確認する」などのチェック項目はおそらく確認していなくてもチェックをつけるようになってしまいますからね。

「確認する」というのも具体的に深掘りしてみると、目で見るだけとか、目で見てそれを別のところに記入するとか、人によって何をすべきか変わっている場合があります。チェックシートを作ることになったときはこういった抽象的な項目は極力なくし、数字や行動内容を入れた具体的な項目にするよう心がけましょう。

猛暑の中朝礼で熱中症の注意喚起

工場ではラジオ体操の後に朝礼を行う場合が多いです。ラジオ体操を屋外の広いスペースで行い、そのままそこで集まって全体朝礼というパターンです。

朝礼にも様々な種類がありますが、私が経験した2社についてお話をすると、まず1社は毎回交代で誰か一人が一言話してご安全に！　というパターンです。

例えば7月の朝礼なら、「暑くなってきたので注意しましょう」などのわかりきったことを言います。当番制なのでみんな順番が回ってきたら嫌々適当なことを考えて話さないといけません。本当に誰のためにやっているのでしょうか。古い工場はこういった謎の習慣がありがちです。

もう1社に関しては、集まってラジオ体操後、なんと今時社歌が流れます。もちろん歌っている人なんて誰一人いませんが、社歌が終わるまでぼ〜っと待った後、次は社訓を唱えます。2023年現在もこんなことをしている会社があるのです。もはやここまでは誰も聞いていません。ただただ時間が経過するのを待っている状態です。生産性もクソもありません。

この社訓を読み終わった後に、やっと朝礼が始まります。この朝礼は部長などの代表者が話します。夏場であれば1社目の先ほどの例と同じです。「熱中症に注意しましょう」という注意喚起がされますが、おかしなことがありますね。朝といえども夏場、外で朝礼です。暑いに決まっていますよね。なぜ熱中症の注意喚起を熱中症になりそうな場所でしているのでしょうか。本当に意味がわかりません。

さすがに日陰でやっていましたが、暑いことには変わりません。汗をかきやすい太った人や私などは毎回汗だくで朝礼に参加していました。今から仕事をやるぞと意気込むタイミングでこのような苦行が行われているのです。

私はこの朝礼はやる意味がないと役職者に反抗したことがありますが、伝統的に続いていることを理由になくなることはありませんでした。誰の得にもならない伝統など本当に必要なのでしょうか。周りの別会社の話を聞く限りでは、こういった意味のわからない朝礼を行っている企業はＪＴＣにたくさん存在しているようです。

こんなことをしているから生産性が低い企業や社員が大量発生すると私は思います。近年は人手不足の企業が多くなってきているため、より社員1人ひとりの生産性を高めなければならない状況になっています。したがっておそらくこういった生産性に直結するような無駄な習慣は今後淘汰されていくでしょうね。

無駄な役員訪問

工場には普段本社にいるお偉いさんが訪問して工場見学するというイベントがあります。大きい企業であればあるほど、このイベントは一般社員や管理職に大きな負担を与えることとなります。

まずは見学前に大規模な５Ｓ（整理・整頓・清掃・清潔・躾）が行われます。見学時に製造現場に不要なものが置いてあったり、施設内が汚れていたりすると役員の指摘が入りますからね。そうならないようにどんなに現場が忙しいタイミングでも事前に５Ｓをさせられることになるのです。ただこれはどっちにしてもやらなければいけないことなので、役員訪問のタイミングで強制されるのも悪くないでしょう。

次は役員に対する様々な準備です。当日はどういった交通機関で来場するのか、タクシーを手配する必要があるのか、どういった見学ルートで誰が対応するのか、昼食は何を用意しておくのか、会食場所の手配、宿泊先の手配など、責任者や総務が様々な準備をしなければなりません。大人なのだから自分でやれと言いたくなりますが、ピラミッド組織ではそうはいきません。非常に面倒くさいですね。最後に社員との座談会です。私の会社では工場の社員が役員クラスの人に質疑応答できるという時間がありました。

ただしこれは国会議員の質疑応答のようなもので、事前に工場側が質問を用意しておき、それを渡された役員が事前に回答を作っておくといったものでした。しかもこれは工場側の上司や責任者が確認した上での質問ですから、別に聞きたくもないことを質問する場面もよくありました。「工場の仕事にやりがいが持てません。給料を上げてください」なんて本音まみれの質問できるわけありませんよね。

この両者本音が一切ないやりとりに何の意味があるのでしょうか。しかも聞きたくもない講話を1時間も聞かされたりします。現場はただでさえ忙しいのに1時間も大した役にも立たない話を聞かされるなんて正気の沙汰じゃありません。会議より不毛な時間です。

普段工場に顔を出さずに現場の苦労を全く知らない役員に話をされても現場には全

く響きません。一番大変なのは工場の責任者レベルの人ですね。一日中ものすごく気を遣わないといけませんから、普段の業務よりよっぽど大変です。このように役員が工場に訪問するというイベントは誰の得にもなりません。

おそらく役員本人も薄々気づいているはずなので、訪問しないようにするか、訪問しないといけないのであれば絶対に何の準備もしなくていいというぐらいでないといけないと私は思います。大企業の社内政治は本当に面倒くさいのです。

改善提案を無駄に提出させる

これはどんな工場でも発生している無駄な仕事です。工場の意識を高めたいのか、お偉いさんに工場も頑張っているアピールをしたいのか、会社の犬を育てたいのか意図はわかりませんが、私が経験した2社とも毎月毎月職場の改善提案を求められます。

私もやる気があるときは出していましたが、あまりこれを出すメリットはありません。いい改善提案を出して、それを実現できればビール券のような商品券をもらうことができましたが、それだけです。改善提案を出して、いい提案だとなったら改善していくのはだいたい提案を提出した人になりますので、忙しい人は出さない方が身のためという状況になります。給料が上がったり、賞与に大きく影響するなら頑張る人も多いかもしれませんが、そんなことはありません。それでも毎月のように改善提案を求められるため、どんどん質の低い改善提案が量産されていくことになります。

例えば、「物が散らかっている。置き場所を整えて整理した」みたいなものです。改善提案で上げるまでもなく、普段からそうしてくれと言いたくなるような提案ですね。無理やり改善提案を出させようとするとこういうことになってしまうのです。

ヒヤリハットも同じような感じです。ヒヤリハットというのは、危ないことが起こったが、幸い災害には至らなかった事象のことをいうのですが、これに関しても毎月のように提出を求められます。どれだけ危ない工場なのだよとツッこみたくなりますが、無駄にヒヤリハットの提出を求められて悩んでいる現場は多いのです。

ヒヤリハットは「提出数」を求められているので、改善提案と同じように当然質が下がります。具体的には「足が引っかかりそうで危ない」みたいなやつです。

本当に引っかかりそうな場合は問題ですが、大概はどうやって歩いたら引っかかるのだよと再度ツッこみたくなるようなものばかりです。しかも改善提案はやらなければ仕事が増えませんが、ヒヤリハットは改善を求められるのでどんなにしょうもないヒヤリハットでも対応しなければいけません。生産技術者が犠牲になることも多いです。

そこまでして改善提案やヒヤリハットを出させたいのなら、もう少し金銭的なメリットを与えるべきだと思います。会社から給料がもらえるから働いているのであって、無償で会社のために頑張れる人などほとんどいませんよね。その会社で出世していきたいという強い思いがあるならそういったことも頑張った方がいいとは思いますが。

19 優秀な社員あるある

部下の管理がうまい

皆さんは優秀な社員とはどのような人を思い浮かべますか？　人によって優秀の定義が異なるとは思いますが、ここでは私が優秀だと思った人の特徴を記載していきます。

まず1つは、部下の管理がうまい人です。これはマネジメントを行う立場の人に限った話ですが、様々な部下を適切に管理することができる優秀な管理職は私の周りに存在していました。

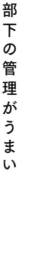

管理がうまいというのも、様々なパターンがあると思いますが、一番大きいのはある程度の裁量を部下に持たせて仕事を任せるということですね。ある程度裁量を持たせた方が自ら考えて行動する力がつくので、部下の成長スピードは速まります。成長した部下にはさらに広い範囲の仕事を任せることができるので、上司側も部下を頼れるようになっていくわけです。

こうなればある程度仕事を分担できますし、何より部下は上司に頼られているということがモチベーションにつながる場合が多いと思います。しかしただ任せるだけではダメです。部下が失敗したときは上司が責任を取らなければいけません。

部下と上司の間に信頼関係があり、「もしダメでも上司が責任を取ってくれる」と部下が心の片隅にでも思っていれば失敗を恐れず挑戦することができ、結果につながります。部下の管理において次に大事なことは、目標を明確にできるということだと思います。

部下に明確な目標を与えることができれば、進むべき道が明確なので部下も仕事が進めやすくなります。目標に到達するにはどういったプロセスを踏めばいいかということは部下に考えさせ、それで目標に到達すれば一段と成長し、より仕事を任せやすくなって好循環になっていくわけですね。あとは仕事を任せる前に業務過多となっていないか、目標を示す前に部下にとってその目標が高すぎないかなど注意できれば完璧です。私はそういった人と一緒に仕事をしたことがありますが、その期間で本当に成長できたと思います。ただこれらのことを実践するのは本当に難しく、私の経験上できる人は圧倒的に少なく、10人に1人いるかどうかぐらいだと思います。

上司というとなんとなくこういった感じの人を思い浮かべる方が多いかもしれませんが、現実はそんな優秀な人は多くありません。だからこそもし皆さんの周りにそういった人がいた場合はその人をしっかりと参考にし、盗めることはどんどん盗んでいくといいと思います。

なんでも知っている

皆さんは「なんでそんなことまで知っているんですか？」と問いたくなる人と出会

ったことがありますか？　私の周りにもそういう人がいましたが、本当に仕事に関することなら何を聞いてもしっかりした返答が返ってきました。生産技術職は特に関わる範囲が広く、機械のことはもちろん、電気や建築、経理や法律なども勉強しなければなりません。このように関わる範囲が広いので、人によって電気に強い人がいたり、建築に強い人がいたりするのですが、優秀な人は全て網羅しています。

なぜこんなに普通の人と知識量に差がつくのか考えたことがありますが、私は次の理由があると考えました。

まず1つは仕事に対して真摯に向き合ってきたということです。本人が勉強する意欲があるかどうかで知識の吸収スピードが大きく変わってくることは言うまでもありませんが、なんでも知っている人は入社してから数年間の勉強量が尋常じゃありません。例えば生産技術者は保全係がどんな作業をしているかとか、施工会社がどんな手順で工事をしているかなどは知っておいた方がいいのですが、勉強熱心な人は保全係や施工会社に質問しまくるのです。私なんかは、工事は施工会社にある程度任せておけば完了するので頻繁に確認したりしませんが、こういったところで差が生まれます。

2つ目に、単純に担当している仕事量が多いということです。これは別の項目で詳しく解説しますが、優秀な人はいろいろな仕事を頼まれて必然的に仕事量が多くなります。その分様々な種類の業務をこなしているので知識も増えていくわけですね。このようになんでも知っている人は、私のような凡人と比べて単純に業務量も熱量も全く違うのです。上司になんでも知っている人がいると、あの人は天才かもしれないと思ってしまいますが、大抵は何年間も積み重ねてきた努力の上に成り立っています。

なんでも知っていると、そこから新しいものを生み出すこともできます。展示会などに行ったときに、工場で誰が何のためにどんな作業をしているか全て網羅していれば、展示を見ながらあれやこれやと次々に自動化などの案が出てきます。なんでも知っている人と展示会に行くと楽しいですよ。あとわからないことがあればそういう人に聞くとほぼ解決します。

特に入社数年で疑問に持つようなことは全て解決していることが多いので近くにそんな人がいてくれるだけで仕事が早く進みますね。私は仕事に割くエネルギーは最小限に留めておきたいタイプなのでこういう人にはなれないでしょうね。

仕事を楽しんでいる

このタイプは最強です。会社員で仕事を心底楽しんでいる人はなかなかいないと思いますが、それに近い人はいましたね。

やはり人間好きなことならいくらでも続けることができますし、よりそれについて勉強していきたいという気持ちが芽生えます。傍から見たら「なんでそんなに頑張れるの？」と思いますが、本人からしてみれば好きなことをやっているだけなので努力しているという感覚がありません。これが強いのです。

今までの経験上、仕事が好きな人には努力では及びません。生産技術者の話でいうと、この仕事が好きな人というのは例えば老朽化の設備を更新しようとなったときに、もちろんただ更新するだけではなく、最新の技術をいかに使えるか、現場の作業をいかに楽にするか、いかに生産性が上がるラインにできるかを深く深く考えます。

私のような凡人は、もちろんよりよい設備を導入しようとはしますが、普段の業務に忙殺されてあまり深くまで着手することができないということが多いです。しかも日系大企業あるあるですが、仕事にいくら力を入れようが給料はあまり変わりません。

私の会社はせいぜいボーナスが10%程度変わるぐらいなので、仕事に注力するぐらいなら、さっさと定時で帰宅して副業に時間を費やした方がよっぽど自分のためになります。

仕事が好きな人はもちろん本業にフルコミットなので副業など考える暇もありませんし、上からの評価も高くなって出世していきやすくなりますね。確かに私がもし経営者だとしたら、私のような社員よりも本業に精一杯注力してくれる人を出世させたいですもんね。

したがって仕事を楽しんでいる人は大きな成果を出しやすいですし、出世しやすくもなるので、ある程度の企業であれば順風満帆な生活を送ることができるでしょう。ただ、いくら仕事が好きといっても、会社員なので上のご機嫌取りをしないといけないこともありますし、変な部下が入ってきて教育に苦労することもあるでしょう。

優秀な人はここもうまいことやって、会社員によくある無駄な仕事は最低限に抑えて、本当に力を入れないといけないところに注力することができます。新入社員のときに、もしこのような仕事好きな上司が上についたらラッキーだと思ってください。そういった人からは学ぶことが大量にありますし、いい感じに力がつきそうな仕事を持ってきてくれることでしょう。

ただ、仕事好きな上司は残業が当たり前の状態になっていることが多いため、それを新入社員に押し付けないようにしてほしいところですね。

勤務時間は長い

優秀な人は勤務時間が長い傾向があります。先ほど説明した仕事が好きな人の場合は、働いていること自体が苦ではありませんから、いくら残業しようがきついと感じることはそうそうありません。

問題はそれ以外の社員です。優秀な社員というのは、普通の人が3か月かかるような仕事を1か月、早ければ2週間程度で終わらせてしまうこともあります。大袈裟に言うな！　と思うかもしれませんが、実際こんなもんです。優先順位のつけ方が下手な人は、重要度は低いがすぐ終わる仕事を後回しにしてしまうことがありますが、優秀な人はそういった仕事は他人に振るか、自分ですぐ終わらせてしまいます。優秀な人は優先順位のつけ方がうまく、極力自分がやらなくてもいいことは他人に振るので仕事を処理するのも速いのです。ただ、これが会社員は裏目に出ることもあります。

仕事を処理する能力が非常に高いため、どんどんとその優秀な人に仕事が集中してしまうのです。確かに責任者の立場からしたらどんどん仕事を処理してくれる人に投げたくなりますよね。逆に仕事が遅く、いくら待っても全然終わらないような人はどんどん受け持つ仕事が少なくなります。

ただこの優秀な人にとってかわいそうなのが、無能なフリをした社員も多く存在するということです。無能にはあまり仕事が回ってこないような体制であれば、あまり仕事をしたくない人はゆっくり仕事をして、あえて遅くすることで多くの仕事を抱えないようにしているのです。頑張ってもそこまで給料が変わらない構造なのであれば正直こういった人が増えるのも仕方ないと思います。

本当はそのように立ち振る舞って極限まで仕事を減らしたいのですが、少しだけ周りの目が気になってブレーキがかかります。大多数の人はそんな感じではないでしょうか。窓際社員になろうとするとかなり強靭なメンタルが必要になりますからね。

優秀な上司や責任者はこういったあえて仕事をしないような人にも仕事を振ってマネジメントしなければならないので、余計負担が増えて残業時間も延びてしまいがちです。そういったことが続くと、優秀な人はやりがいをなくしていき、転職する人が出てきます。私の周りでも優秀な人の方がどんどん転職していったのでそういうことなのでしょうね。

今私の会社に残っている優秀な方々は、おそらく少しでも愛社精神を持った人か、現在十分な給料をもらっていて、今の会社以上の条件の転職先がないような人でしょうね。

20 監査あるある

重箱の隅をつつかれる

ＩＳＯは国際的な共通規格を制定することを目的として活動しており、このＩＳＯが制定した規格をＩＳＯ規格といいます。

大企業では何かしらのＩＳＯ規格を取得していることが多く、私の会社でもＩＳＯ９００１（品質マネジメントシステム）や、ＩＳＯ１４００１（環境マネジメントシステム）、ＩＳＯ２２０００（食品安全マネジメントシステム）などを取得していました。

マネジメントシステムとは、組織がある目的や目標を達成するために、組織を効率的に管理・指揮するための仕組みのことです。一定規模以上の企業は内部監査、外部監査共に義務付けられているため、私の会社でも定期的に監査が実施されていました。

私は環境関連の業務を行っていたため、ＩＳＯ１４００１の監査対応をしました。内部監査、外部監査それぞれ性質が若干異なりますが、どちらにしても重箱の隅をつつかれるということはありますね。指摘することがなさすぎる場合に監査員はなんとか指摘するところを見つけようとしますね。監査員はもちろん監査をすることが仕事なので、何か指摘しないと本当にちゃんと見たのか？　と思われる可能性があるのでとにかく指摘できる箇所を探すわけです。

正直１回目の監査で指摘がないレベルで完璧に仕上げておくのはものすごく難しいのですが、外部監査の前に内部監査を終わらせていたという場合、内部監査で隅々まで指摘されてそれを全て是正完了している場合は外部監査員が指摘することが少なくなりますよね。問題がありそうなところは全て指摘されて直しているわけですから、それ以外のところを探さなければいけません。そうなると、例えば油をよく使うスペースで床が滑りやすいと言ってみたり、ものすごく小さなゴミを指摘してみたり、物置場からほんの少しだけはみ出して物が置かれているところを指摘したりと、「そこ指摘する必要ある？」と思うようなことを言われることになります。

ただこういったことは指摘されたところで当日改善できるレベルなので是正対応にそこまで困ることはありませんが、当日の監査対応が非常に面倒くさくなりますね。言うことないのであれば「完璧でした！」っていいって気持ちよく帰ってほしいところですね。

逆に、あまりにも指摘することが多すぎると監査の時間内で工場内全て確認することができず、不備が残ったまま終わってしまうこともあります。以前監査対応者が全く準備できていないことがあり、このような事態に陥ったことがありましたね。特に抜き打ちの監査ではない場合の事前準備はしっかりしておくことが重要です。

監査員によって難易度が変わる

これは内部監査にも外部監査にもいえることですが、まずは内部監査についてです。

ＩＳＯの内部監査員には資格が必要ですが、講習などを受ければ取れるような資格なので実質誰でもなることができます。したがって人によってはＩＳＯ１４００１の内部監査員なのにもかかわらず、そこまで環境関連について詳しくない人もいます。

詳しくない人は、こちらから多少の圧をかけながら質問に回答していくと、あまり細かいところまで突っ込んでこないので穏便に切り抜けられることができます。工場で実務を積んでいない人はあまり詳しくないパターンが多いですね。厄介なのは工場で勤務した経験があり、環境関連についても普段から関わっていて詳しい人です（だいたいそういう人が監査員になります）。

工場の実務経験があるので、こうした方がいいという自分の軸を持っているので、その軸とずれている場合はいろいろと突っ込まれることになります。そうなると担当者も当日の対応が大変ですし、指摘された箇所についての是正処置も多くなって時間がかかります。

ただ、内部監査なので徹底的に見てくれる人の方が工場のためになるでしょうね。詳しいけどさっさと監査を終わらせるために細かいところまで突っ込まない監査員もいて、そのときは私が対応だったのでラッキーと思ったこともあります。一方外部監査員も人によってものすごく差があります。

例えば今まで食品工場で監査経験がない監査員は、初めての工場での監査となると知らないことだらけなので、簡単な質問をしていくので精一杯です。工場側で対応する人はその簡単な質問を捌いていき、ちょっとグレーなところはうまく隠したりもできるので穏便に終わらせることができます（よい子はマネしないでください）。

ただ、食品工場経験者の監査員だと、工場の衛生面や、廃棄物の管理など非常に細かく厳しい目で見られるので、重大な指摘を食らわないか対応する人はヒヤヒヤすることになります。重大な法律違反があり、その問題を解決することができていないなどがあると、ＩＳＯ不適合ということになり、認証が得られなくなってしまいます。

ちなみに特に罰則などはなく、しっかりと是正処置を行って再審査をすれば大丈夫ですが、法令遵守を重んじる大企業がＩＳＯの監査で不適合なんかになってしまうと大騒ぎになりますね。はっきり言ってどんな監査員になるかは運ですが、相当なことがない限り不適合にはなりません。少なくとも事前準備をしておけば問題ありませんし、まともに業務をしていれば不適合になることはないでしょう。

全然質問に答えられない

私の会社では2〜3年に1回と頻繁に転勤があったため、工場に赴任してすぐに監査対応をさせられるみたいなこともありました。いくら同じものを作っている工場だといっても、人数も違えば置いている設備も異なるため、全て同じような工程になっているわけではありません。したがってその工場では誰がいつどんな作業をしているかということを知る必要があります。

しかし赴任してすぐの状態では1〜2割程度しか把握できません。その状態で監査対応をしなければならないのです。監査では、多くの文書を見たり、工場内を回りながら様々な質問を受けるのですが、赴任後いきなりの監査対応だとこの質問に対してしどろもどろになってしまいます。

そんな人に監査対応をさせるなんて鬼だと思われるかもしれませんが、人数の少ない工場だと生産技術者が1人、品質管理者が1人みたいな感じなのでやらざるを得ないのです。わからない質問をされてしまったら、後で調べて回答すると言うことしかできないので、監査時間が延びたり、監査終了後に自社で行う宿題が増えてしまいます。工場について詳しく知っている人であれば多少言いくるめることもできますが、赴任後すぐの人だと、そうもいきませんよね。

したがって指摘事項も増える可能性があります。また1年目や2年目の若手社員が監査対応をさせられる場合もあります。このときもなかなか質問に答えられない状況になってしまうとは思いますが、先輩や上司がフォローしてくれる環境であればむしろ監査対応をすることは非常にいい勉強になると思います。

監査対応をしていると、自分が見たことのない目線で質問されることが多いですし、知らなかった重要な法律などの知識も得ることができるので、新入社員の育成には打ってつけだと思います。

このようにまだ経験が浅いため質問に答えられないことはよくあるので、そのときは適当なことを言わず、後で調べて回答しますと言っておきましょう。適当なことを言って後でつじつまが合わなくなると監査員の印象最悪ですからね。その場をやり過ごすために適当なことを言う人って結構います。

監査に限らず、わからないことを質問されて素直にわからないと言えない人は仕事を中途半端に進めてしまう傾向がありますからね。日本人特有の「恥ずかしい」という感情が邪魔して正直に言えない人が多いのではないでしょうか。普段そうなってしまう人でも、監査員に対しては必ず正直に言いましょう。特に外部監査でそんなことしてしまうと上から怒られますからね。

準備中に大量の不備が出てくる

これもよくあります（よくあったらダメですが）。監査では質問されることの根拠として、様々な書類を用意しておきます。書類には保存期間が5年とか7年とか長いものもあるので、大量のファイルを用意しなければなりません。皆さんも事務所の棚に眠っている何年も置かれているファイルよく見ませんか？　なんで捨てないのだろうと思われますが、保存期間が決まっていたり監査で必要だったりするためです。

監査が事前告知されている場合、この大量の書類に不備がないか見ていくのですが、大概は大量の不備が出てきます。書類の有効期限が切れていたり、承認の印鑑が押されてなかったり、いろいろありますね。これを監査までに1つずつ直していくだけで骨が折れる作業ですが、厄介なことは不備がある書類を作成した人はもうその工場にいないということです。

特に私の会社は転勤が多いため、2~3年前の書類を作成した人は既に在籍していないことの方が多いのです。そうなると別の工場に確認を入れたり、つじつまが合うように新しく書類を作り直したりしなければいけません。めちゃくちゃ面倒くさいですね。紙のまま残しているから探すのにも時間がかかるし、紛失なども発生するのですが、工場にある紙の書類を全て電子保存するのはかなりの時間とお金が必要だったのでやりませんでした。

特に工場では派遣社員も勤務していて、ＰＣが与えられないので紙で帳票を作って記入していくことはずっと行っています。したがって全て電子形式で保存するということは現実的ではないので大量のファイルを準備する必要があります。監査が事前告知で準備できればいいですが、普段からまともな管理ができていないと抜き打ち監査の際は大変なことになります。

監査員によって何年前の書類まで遡ってくださいというのは異なりますが、私の経験上だいたい3年です。

しかしそれ以上遡られると一気に不備が出てくる確率が上がります。そうなると監査員にボコボコにされる悲惨な監査になってしまいます。監査対応をするような担当者は、日頃から書類を整備しておく必要がありますね。

3か月とか半年に1回ぐらい、書類を整備する時間を取ることがISO監査対策になると思います。実際監査をする目的の1つに、しっかりとマネジメントシステムが有効に機能しているか確認するということが挙げられているので、「3か月に1回●●の書類を確認する」などのルールが守られていることが重要ですからね。その場しのぎの監査対応にならないようにしたいところです。

21 品質管理あるある

板挟みに遭う

最初に、この品質管理あるあるについては、品質保証部門も当てはまると考えてください。生産技術職同様、品質管理職も板挟みになります。

品質管理も会社によって業務内容は様々であり、それぞれ大きく違ってくるので食品会社である私の会社を例に出します。私の工場では、原料の品質や季節の影響により、製造するものの品質がブレてしまった場合は製造工程内で調整します。

例えば原料の配分を１：１から２：１に変えてみたり、水分の量を変えてみたり、

加熱時間を変えてみたりと条件を変更しながら試行錯誤していきます。その変更に関して、どういった条件にしてくださいと現場に指示を出すのが品質管理者です。

さらに、この指示を出す品質管理者も上司や別の部署にこういう条件にしてくれと頼まれています。要は品質管理者が上と現場のパイプ役になっているわけですね。例に挙げたのは条件を変更するだけなのでまだいいですが、現場の作業が増えるような依頼も当然あります。そんなときに品質管理者が現場に頼み込むわけですが、当然現場は仕事量が増えるので快く引き受けてもらえない場合が多いのです。

ただできないこともないので、「現場に断られました」では上に通用するわけがありません。このようにして品質管理職は板挟みになっていくのです。しかも品質管理職の板挟みは生産技術職よりつらいものがあります。

生産技術者は現場からよく仕事を頼まれてそれをこなしているので、こちらからいろいろとお願いしてもギブアンドテイクなのですんなり受け入れてもらえることが多いです。しかし品質管理者は圧倒的に現場に頼み込むことの方が多いので、必然的にテイカーになってしまうのです。

そうなると当然現場もよく思いませんから、品質管理はいかにしてやってもらう努力をするかが重要になってきます。この努力というのは人によって様々ですが、やはり有効なのは現場によく顔を出すことですね。現場に顔を出すことによって現場のリアルな悩みを聞くことができ、より現場に寄り添った仕事ができるようになります。現場はそういうことを本当によく見ていますので、普段から真摯に対応してくれる品質管理者には助けてあげようという感情が働くのです。

あと単純に愛嬌のある若い女性も現場から助けを受けやすいですね。新入社員のうちは何事も大目に見てもらえるので、このタイミングで一生懸命仕事をすることで現場との信頼度を上げておき、2年目以降で信頼を勝ち取っていればこちらのものです。かなり仕事が進めやすくなることでしょう。

文書作成&管理が多い

監査の話で少し出しましたが、私の会社を含め多くの製造業は対外的な信用力アップを目的としてＩＳＯ９００１（品質マネジメントシステム）を取得しています。

ＩＳＯ９００１の評価ポイントの１つに品質管理マニュアルや社内規程の文書管理がしっかりしていることが必要とされているため、規定に沿った適切な文書管理が欠かせません。

ＩＳＯ９００１における文書管理の役割として、企業は「正式な文書が必要な場所で間違いなく使えるようにすること。そして文書の発行、配布、受取・使用のいずれの段階でも間違いのない行動ができること」を求められます。この大変そうな文書管理を品質管理者が行っているのです（会社によっては品質保証部門や他の人が管理している場合もあります）。

日本の製造業は品質を非常に重要視しているため、工場では毎日大量の品質に関わる文書が発生します。しかも現場では今まで紙の運用に慣れているため、いまだに印刷したものに記入して、その紙を承認者に回して承認後、ファイルに保管という運用をしています。したがって品質管理者が文書管理をしっかりしようと思うと、大量のファイルを１つずつ確認していくことになります。すごく大変ですよね。

管理するだけでも大変なのですが、文書の作成も行わなければなりません。これに関しては一度フォーマットを作ってしまうとずっと使用することができますが、定期的な見直しや、現場からの要望、承認者の気分などでフォーマットの変更を求められることも少なくありません。そうなったときは大量のファイルと紙を大きい机に広げて一日中過去の資料とにらめっこしているなんてことになります。

さらに紙で数年間保管していると、どんどんファイルが溜まってきて置き場所がなくなっていきます。文書保管庫などに大量のファイルがぐちゃぐちゃに置かれている光景が私の会社ではありましたね。整理整頓ができていないと必要な文書を探すだけでも時間がかかってしまいます。

このような無駄な業務を減らすためにも文書の電子化や整理整頓が必要になってきますが、予算や、そもそも電子化を推進する人がいないなどの理由であまり進んでいない企業が多いと思います。

ただ、進んでいないとはいえ、近年電子帳票保存法などに対応しなければならないこともあり、文書の電子化は以前よりは圧倒的にハイスピードで進んでいます。なので、今後品質管理者が行う文書管理についてはもう少しやりやすい状況になっていくことが予想されますね。

不良品を出すと詰む

不良品を出荷してしまうと会社自体様々な対応に追われることになりますが、品質管理者には特に地獄です（不良品を出した場合は品質保証部門の方が地獄ですが、便宜上品質管理と記載しています）。まずは不良品が市場に出たとわかったら、一刻も早く回収しなければなりません。食品関係などなおさらです。

この「回収」は、購入してしまったお客さんにホームページ等で知らせたり、スーパーに陳列されている商品を社員が探して地道に買い取りしたりします。これは品質管理だけでなく、社員全員で行うことになりますが、どういったロットの商品をどこで買い取ってくるかなどは品質管理の人が指示したりする必要があります。

回収と同時に、原因特定もしなければなりません。なぜ不良品が出てしまったかと

いうことを特定しないと是正できませんからね。これは設備起因の場合も多いので、生産技術者も一緒に調査することになります。この原因特定が非常に大変で、品質カメラなどで過去数か月の映像を全て見返したり、現場の全ての部署にヒアリングをしたり、日々現場で作られている帳票類を隅々まで確認したりします。

前の項目でも説明しましたが、品質管理者が管理しなければならない文書が膨大にあるため、それを詳細に確認していくのはかなりの時間を費やすことになります。

さらには在庫の確認も必要です。不良品が市場に出てしまっているということは、在庫にもその不良品が混入している可能性があります。大きな倉庫などがある場合、何十万という在庫を持っている場合があり、そうなると毎日毎日社員総出で検品作業が行われることになります。

ここでも多くの人を動かさないといけないので品質管理者の指示が必要になってきます。そして品質管理者は不良品流出の事件が収まるまで、逐一、上長や本社に報告を入れないといけません。報告をしていると本社の人間は現場のことを詳しく知らないので大量に質問が飛んできたりしてその回答に追われることもあります。

ただでさえ普段から忙しいのにこんなことになってしまったら残業時間は範囲内で収まるはずもなく、下手するとサービス残業までさせられる会社もあるでしょうね。

このように、万が一不良品が出回ってしまうと大変なことになりますが、こんなことは滅多にないのでこれから品質管理職に就こうとしている人は安心してください。

ISO9001を取得していたり、普段から監査などを実施しているまともな企業であれば出荷前に不良品を止められるような構造になっています。

そういう意味でも、法令遵守がしっかりできている企業に入った方がいいといえますね。

22 仕事の内容聞かれたときあるある

生産技術といってもどんな仕事かわかってもらえない

普段何の仕事をしているか尋ねられることってよくありますよね。親戚と会ったとき、高校や大学の友人と久々に会ったとき、合コンで自己紹介しなければいけないときなど、様々です。生産技術者は仕事内容を聞かれるたびに、なんと答えようか非常に悩みます。まず前提として、生産技術という仕事は一般に広く知られていません。

基本的に大学の学部でいうと工学部や理学部、建築学部などの学生が生産技術部門に来るのですが、就活前の学生に生産技術職が何かと聞いても満足な返答があるということは少ないでしょう。理系の学生でもその程度なのですから、文系の人が知っているはずがありません。なので、仕事を聞かれて「工場の生産技術部門です」と答えても大半の人は「それってどんな仕事？」と再度聞き直されてしまいます。

したがって、私はいつも「工場に設備を導入している」と答えています。実際は設備導入の他にも様々な仕事をしていますが、説明するのが大変なので基本このように答えます。大概の人は他人の仕事にそこまで興味がないのでそれ以上深く聞いてくることはありません。

ただ、問題なのが合コンです。合コンでこのような紹介の仕方をしてしまうと、「工場の」という部分だけ拾って、工場の作業員を想像されてしまいます。いい歳で行う合コンなどは年収を気にされているに決まっているので、それで年収を想像されてしまうと印象が悪くなります。

ちなみに私は昔よくマッチングアプリを使用していましたが、初対面の女性に仕事を聞かれたときには、「工場」というワードは出さず、企業名をいうようにしていました。

有名な会社なので、「〜で設備導入の仕事をしている」と言えば、企業名だけ拾って「え〜、すごい！」となります。後半の設備導入のことなど工学部出身の女性以外誰も聞いてきません。大企業の名前は本当に利用価値がありますね。その企業名で年収を調べられた場合、平均年齢が高いので平均年収も高く出ます。これだけで好印象を勝ち取ることができますね。

大企業に在籍していると社会的信用もあるのでこの部分もメリットですね。今は多くの企業が人手不足なので大企業であっても入社難度は下がっています。とりあえず大企業に入っておけば大きく人生が崩れることはないと思いますので、就活中の皆さんにはおすすめしておきます。

23 休日出勤あるある

土日に出勤しがち（平日休みにしやすい）

生産技術者は工場内で様々な工事をしなければならないのですが、生産ラインの稼働を止めているときに工事の予定を入れる場合が多いです。いつ生産を止めるかというのは工場によって異なりますが、私が経験した2社とも土日に生産ラインを止めていました。したがってそのタイミングで仕事をする生産技術者は必然的に土日に出勤することになります。

休日出勤はメリットデメリットがありますが、私は好きです。私が感じている一番のメリットは平日に休みが取れるということです。ブラック企業じゃない限りは基本的に土日どちらか出勤すると代休がもらえます。

いつ代休を取れるかというのは会社によって多少制限がありますが、基本的にその月の中で取りたいときに取ることができます。平日に休むことのメリットはどこへ行ってもとにかく人が少ないということです。例えば私はラーメンが好きなのでよく有名店に行くのですが、土日に行ってしまうと1時間以上は余裕で待たされます。それを平日に行くと、同じ時間帯でもだいたい待ち時間は3分の1ぐらいになりますね。

他にも私はよく朝7時開店のカフェでYouTube等の作業を行いますが、このカフェも土日に行くと8時には満席になってしまいます。少しでも起きるのが遅くなるとすんなり入れないのでストレスが溜まりますが、平日であれば10時頃まで満席になることがないのでゆっくり寝ることができます。

これは飲食店以外の施設にも同様のことがいえますね。私は「待つ」ことが非常に時間の無駄だと感じるので平日に休みが取れることは非常に助かっています。さらに施設側からすると、平日は来る人が少ないので普段より安くするなどのサービスで客を呼び寄せようとしますよね。ゴルフ場などがいい例ですが、平日と休日の料金は倍ぐらい違うこともありますので平日休みの恩恵は大きいのです。

逆にデメリットは遊ぶ相手が少なくなることですね。独身だとゴルフへ行くにも飲みに行くにも友人を誘いたいですよね。ただ平日休みの会社員は少ないので休みが合わないことが多いです。

誰かと一緒に遊ぶのが好きな人は少しつらいかもしれませんね。結婚しているとあまり関係ないし、私は1人でいることも全然苦ではないのでこのデメリットはあまり感じません。平日休みの方がいろいろなところに遊びに行きやすいので、平日休める生産技術はおすすめできます。

ちなみに土日の出勤は私の場合だいたい月2〜3回なので、割合としては土日休みの方が多いです。そういうときに友人と遊べばデメリットはより感じなくなりますね。

工事が少ないとのんびりできる

生産技術者は自分で工事の予定を入れて出勤するわけですが、工事が1つでもあると業者が勝手に入って工事をするというわけにいかないので生産技術者は出勤しなければいけません。休日に入れる工事予定の数はできるだけ少ない方がいいです。出勤する目的としては工事立ち合いなのですが、工事中常に監視しているわけではありません。

むしろ簡単な工事であれば工事の始めと終わったときしか確認しないこともあります。例えば工事が1つしかなくて、そこまで指示しなければならないこともないが1日かかるような工事の場合、はっきりいって生産技術者は暇です。したがってこういったタイミングで溜まった書類業務などを処理しますが、休日は他の出勤者がおらず、事務所に1人なので非常にのんびりすることができます。

私は眠くなったら普通に昼寝していましたし、大量のお菓子を机にセットしてのんびり仕事をしていましたね。

ただ、そんなにのんびりできる日ばかりではありません。工事が重なってくると、1人で5種類以上の工事を見なければいけないことがありますが、そういうときはひっきりなしに電話がかかってきて落ち着く暇がありません。

特に朝イチは施工会社が工事を始めるための準備（動力の貸し出し、工事の指示など）をしなければならず、それが5つも入っていると工場内を走り回ることになりますね。施工会社の都合もあるので工事予定を調整するのは難しいのですが、なるべく一日の中にいろいろな工事を詰め込まない方がいいと思います。

ただ、自分で詰め込まなくても他の人の工事立ち合いをする場合があります。2人生産技術者がいたとして、それぞれ1つずつ工事予定があるとなった場合、正直2人も出る必要がないので自分の工事ももう1人に任せることがよくあります。たまに、自分の工事が1つしかないからのんびりできると思っていたのに他の生産技術者から大量の工事立ち合いを依頼されることがあります。出勤予定がすでに決まっている場合はこのように任されてしまう工事が増えるわけです。

工事によっても生産技術者の忙しさは全然変わってくるので、2つしか入れてなくても一日中動きっぱなしで平日より忙しいなんてこともありますね。ただ、そんなに毎回毎回大量の工事が入るわけでもないので基本的には暇なことの方が多いですね。誰もいない静かな事務所で冷暖房をガンガン効かせて自分の好きに仕事ができるって非常に解放的な気分で仕事が楽しくなりますよ。

事務所やトイレが汚い

私が経験した工場では全て清掃員を雇っていました。基本的に平日は毎日清掃員の方が事務所の清掃、ゴミ集め、トイレ清掃、その他廊下などの掃除を行っていました。したがって事務所のゴミ箱は毎日空になっていますし、トイレも清潔に使用できています。清掃員の方がいるから毎日きれいな場所で仕事ができるわけですが、これはもはや当たり前になっていて、日頃から感謝する気持ちが薄れている人は多いと思います。しかし、これが土日に出勤すると清掃員のありがたみを痛感することになります。

土日は現場の方が出勤したり、生産技術者が出勤するだけで平日よりは出勤人数も少ないため、清掃員の方は土日休みとなっています。私は日曜日に出勤することが多かったのですが、土曜日は事務所やトイレが清掃されていないわけです。

1日や2日ぐらい掃除しなくても大丈夫だろうと思うかもしれませんが、10人以上の男性がゴミ箱やトイレを使用していると、1日も経つとものすごく汚くなります。例えばゴミ箱に関しては日曜日にはもうパンパンです。しかも弁当類の食べ残しなどが入ったままゴミ箱に投入されているため、日曜日にゴミ箱を開けるとかなりの悪臭を放っています。

一番の問題はトイレです。トイレは1日掃除しないだけで本当に汚なくなるのだと驚きました。少し汚い話をします。毎日掃除されているから気付かないのですが、小便器に小便を入れるのが下手くそな人が多すぎます。なぜ小便器の下があんなに濡れるのかいつも不思議でなりません。少し離れて小便をすることで便器からの跳ね返りが激しいのでしょうか。正直言って自分も汚していないとは言えませんので、男性の皆さんはできるだけ小便器に近づいて小便をしましょう。

座ってする方の便器もだいたい汚れているので、男性はきれいに使うのが苦手なのでしょうね。これを経験すると、清掃員の方のありがたみが非常にわかるようになります。清掃員を雇っている会社もあれば、自分たち社員でトイレ清掃をする会社もあると思います。

私は経験したことがないのでわかりませんが、自分たちで清掃するとなると多少トイレをきれいに使うようになるのでしょうか。私は工場で勤務する男性にはトイレの使い方講習をする必要があると真剣に思っています。皆さんが考えている以上にすごいスピードで汚れていきますからね。

24 習慣あるある

早寝早起きになりがち

工場は基本的に朝8時始業のところが多いです。一般的な会社と同じ朝9時ぐらいにしたらいいのに……と思ったことはありますが、早いのにもいくつか理由があります。考えられる理由は以下です。

- お客さん相手の商売ではないので、始業を遅らせる理由がない
- 工場では交代勤務がある職場が多く、早めに終わって夜勤に引き継ぐ必要がある

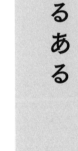

- ●生産を増やす必要があるときに、残業時間を多く取ることができる
- ●従業員が早めの始業、早めの就業を望んでいる

これらの理由によって朝8時とか8時15分始業の工場が多いのですが、この始業時間に間に合わせようとするとかなり早起きする必要があります。

例えば通勤時間が1時間かかるとして、始業15分前の7時45分頃工場に到着するとしましょう。その場合6時45分には家を出ていないといけませんね。朝起きてから朝ご飯を食べたり準備したりするのに1時間かかるとすると、5時45分に起きなければいけません。かなり早くなってしまいますね。

私は通勤時間が30分程度で、朝の準備も30分程度で終わるので6時半ぐらいに起きていましたが、家から工場まで遠い人だったり、女性はもっと朝の準備に時間がかかると思います。同じ職場にいた総務の女性は家が遠く、始業よりだいぶ早めに来て仕事をされていたので朝は5時台の電車に乗っているとのことでした。びっくりするぐらい早いですよね。

このように工場では朝早く起きなければならない場合が多いので、その分夜も早く寝る人が多いように思います。

私の場合はかなりロングスリーパーで、8時間ぐらい睡眠時間を確保したいので、6時半に起きるために10時半から11時頃に寝ていました。年寄りみたいですね。5時に起きないといけない人もたくさんいましたが、平均的な睡眠時間である7時間を取ろうとすると10時に寝ないといけません。さすがに一般的な会社員で10時に寝ている人は少ないと思います。ただ、早起きして丸一日仕事していると自然と疲れて早い時間に眠れるようになり、規則正しい生活ができるようになってきます。

工場では体を動かすことも多いため、工場勤務の人は結構健康的な生活ができているのではないかと思います。しかも終業も早いので、運動する時間や副業などをする時間もあって、悪くない生活スタイルだと思います。ただし、夜勤だけは気をつけてください。あれは間違いなく不健康なのでできる限り避けた方がいいと思います。

昼食は10分で終わりがち

だいたいどの工場も12時前後に昼休みがあり、時間も45分から1時間ぐらいあるので特に少ないわけでもありませんが、なぜか工場で勤務する人は食事の速度が異常に速い印象があります。

2020年以前は多少話しながら食べていたので、食べている時間は15分ぐらいだったと思いますが（15分でもかなり速いような気がします）、感染症が流行ってから黙食が常識になったことで社員の食事スピードが一気に上がりました。

例えば昼食がうどんのみとかだったらすぐ食べ終わりそうですが、私の会社の食堂の昼食のメニューは、メインのおかず、サブのおかず、サラダ、味噌汁などの汁物、ごはんといったように割と充実したもので、種類が多いのですぐに食べ終わるような昼食ではありません。

それでもだいたい10分ぐらいで食べ終わる人が多いですね。たまに昼食時間中に仕事の電話がかかってきたり、やむをえず休憩時間中に作業をしないといけないことがありますが、そんなときは急いで食べるので5分ぐらいで食べ終わります。5分ですよ5分。おそらく噛んでいないでしょうね。

なぜこんなに食べるスピードが速いのかよくわかりませんが、工場の現場の人は時間に追われる作業をすることが多いので、何をするにしても自然と速くこなすようになっているのと、せっかちな性格になってくるからだと思っています。

私も元々そこまで食べるのが速かったわけではありませんが、とにかく休憩時間を長く取って昼寝の時間を確保したいので速く食べることを意識しています。よく噛んで食べないと急激に血糖値が上がって体によくないので皆さんはマネしないでください。

ちなみに工場の社員、特に現場の皆さんはスピードだけでなく、食べる量も非常に多いです。40代以上の人もごはん茶碗2~3杯分ぐらい食べている人が多いですね。それだけ食べていたら太りそうな気がしますが、工場の社員は太っている人はかなり少ないです。やはり体を動かす仕事をしていると太りにくいということがよくわかります。

定年が近い方も日頃スポーツをしていたり、よく体が動く人ばかりなので、工場勤務は意外と老化防止にはいいかもしれませんね。

私の工場にはテニスコートがあったり、草野球をしていたり、フットサルをしていたりと、運動も活発な工場なので、工場で働くことになった人はそういったコミュニティに入ってみることをおすすめします。

指差し呼称しがち

工場で勤務したことがない人にとっては「指差し呼称」という言葉は聞き慣れないと思いますので説明します。指差し呼称とは、危険予知活動の一環として行う行動で、これから作業する目の前の対象となるものや、標識や信号、計器類等に作業者が指さしを行い、その指さししたものの名称と状態を声に出して確認することをいいます。

やり方としては、例えば目の前にスイッチがあるとして、それをオフにしたいとします。そのスイッチをオフにしたときに、「スイッチ　オフ、ヨシ！」と言って腕を振りかざしてスイッチを指さします。これでしっかりスイッチをオフにしたかどうか確認しているわけです。工場に慣れていない人からすると、「変なことしてんなぁ……」と思うかもしれませんが、工場ではこれが常識です。

しかもこれ、意外と効果あるのですよね。腕や口の周りの筋肉の刺激や、耳で聴くことによる聴覚への刺激により、脳の前頭前野が活性化する結果、思考や判断、意識、注意力、集中力向上といった効果が期待できるとされています。特に重要なのは、意識レベルを上げ、確認の精度を向上させることにあります。

財団法人（現、公益財団法人）鉄道総合技術研究所が1994年に、指差し呼称の効果検定実験を行ったところ、鉄道運転時に必要な「操作ボタン」の押し間違いの発生率が、指さしと呼称を「共に行った」場合は、「共に行わなかった」場合に比べ、約6分の1という結果になったという結果もあります。

私もこれをやらないと確認した気にならなくなってきたので自然にやってしまいます。例えば横断歩道を渡るときに、左右を指さしながら、心の中で「ヨシ！」と言って渡っていますし、家を出るときに電気の消し忘れ等がないか確認するとき、自然と指差し呼称しています。特に集計したわけではありませんが、なんとなく細かいミスをすることが減ったような気がします。

横断歩道での指差し呼称は特に有効だと感じていて、よく左右を見ずに飛び出す危ない人がいるので、そういった人に横断歩道では指差し呼称するよう教育した方がいいと思うぐらいですね。これが癖になっていると、確認せずに渡ることはなくなりますからね。

工場に入ったばかりのときは「こんなことして意味あるのか？」と思ってしまいそうですが、個人的に非常に効果があると思いますので、こういった当たり前にやっていることを馬鹿にせずしっかりやることが大切です。工場ではこれが自分の身を守る行動になります。

25

会社内あるある

現場にお伺いを立てがち

工場によっては現場が非常に強い組織になっていることがあります。私は大手メーカーの工場勤務を2社経験していますが、1社は現場がかなり強い状況でした。強いというのは、現場の意見が通りやすい組織体制になっているということです。

そもそも現場が強い工場での生産技術者の仕事は、基本的に現場の要望を聞いて課題を解決していくことが多いので、現場といいコミュニケーションが取れていなければ非常に仕事がやりにくくなります。なので、そういった工場では上司よりも現場にお伺いを立てることが多いのです。上司も現場にはお伺いを立てていますからね。

仕事の流れとしては、現場から要望が来て、その要望に対する解決方法を考えます。工事が必要であれば業者から見積もりを取得し、金額を見て上司と相談します。問題なければ注文しますが、固定資産などの資産となるようなものは稟議書を書いて工場長に承認をもらいます。これをいくつも並行して仕事を進めている感じですね。

ここで問題になるのが現場と上司、もしくは工場長との板挟みです。現場は現場側での思いがあり、特に工場長との思いと対立する場合があります。現場では今自分の作業が楽になったり、効率的になることを考えて要望を出しますが、工場長は工場全体で効率化を図ったり、未来のことを考えている場合が多いので対立が起こることはよくありますね。

そういった場合板挟みを食らった生産技術者は両者にお伺いを立てなければなりません。現場も工場長もある程度納得するような案を考えて、この案でなんとかしてもらえないでしょうかと現場や工場長に報告しにいきます。

ここで現場の方は普段からいいコミュニケーションを取れていればこちらの大変さ

もわかってもらえて多少妥協してもらえたりもするのでこういった立ち回りが非常に重要です。あと、現場にお伺いを立てる場合はまず現場のトップを押さえなければなりません。職長とか班長ですね。現場の社員から頼まれたからといって、その人だけと話を進めていてはダメなのです。現場のトップも状況を知らないと気が悪いですし、検討を進めていたのに却下される可能性もありますからね。

押さえなければならない人が多いですが、これがサラリーマンの宿命です。生産技術者として工場の配属になり、現場の人と密接に関わって仕事をするときは、最初に現場のトップを押さえておくことが最重要といえるでしょう。

開発、品質管理、現場など関わる部署が多い

現場からの要望などの規模が小さい仕事であれば、関係部署は現場（製造や出荷などの部署）だけになりますが、より大きいプロジェクトになればなるほど関わる部署が増えていきます。

例えば自分が新しいラインの建設プロジェクトの一員になったとしましょう。まず新しいラインでどんなものを製造するのか、その詳細について開発に確認します。設備の仕様に関して、製造するものの形状や寸法がわからないと設備の仕様がメーカーに提出できませんからね。逆に、こういった製品仕様にしてくれればある工程を自動化できるかもしれないなどと生産技術者側から打診することもあります。なので、まず開発の部署とは関わることが多いです。双方にこうしたいという思惑があるので対立してしまうこともよくありますね。

次に品質管理です。新しい設備を導入する際は、その設備を通して製造されたものが品質的に問題ないかどうかを確認しなければいけません。製品の品質についても、様々な規定がありますので、そういった規定を全て満たすようなライン設計をする必要があります。

特に食品工場では品質について厳格に管理されており、設備の設置場所などが制約を受けてしまうことがありますね。これに関しては確実に品質を優先しないといけないので、うまくいかない場合は生産技術者がなんとかするしかありません。

その他に、生産技術はお金を使う仕事なので、経理部なんかともよくやりとりします。買ったものをどういった勘定科目で設定するのか、いつ計上するのかなど相談すべきことがたくさんあります。さらには固定資産を管理する部門などともよくやりとりします。で、最もやりとりが多いのが現場ですね。新ラインを作るとなると、既存のラインを参考にするのですが、既存のラインで作業する現場の方々に様々なヒアリングを行います。

今のラインの問題点やもっとこうした方がいいなどの意見を参考にします。ラインには現場の方が立って作業をするわけなので、基本的にライン設計は作業者ファーストで考えるべきです。ここをしっかり考えておかないとラインを作っていざ製造となったときに大量の文句が降りかかってくることになります。したがって生産技術はライン設計をするときには作業のしやすさ、安全性なども考える必要があるのです。

このように生産技術者は様々な部署と連携を取って仕事をしますので、コミュニケーション能力が重要になってきます。ただどんな職種でも他部署との連携は必須なので、コミュニケーション能力は高いに越したことありませんね。

26 生産技術職で使う知識あるある

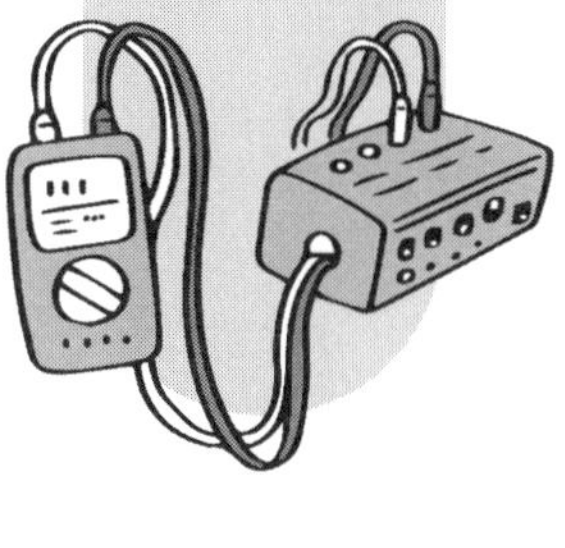

様々な法律の知識

大前提として、これから列挙する知識は入社前などの生産技術職として働く前から知っておくべきということではありません。仕事を進めていく中で、必要になったときに勉強すればいいと思います。ただ、生産技術もこういった知識が必要になることがあるということをお伝えしていきます。

私が必要だと考える知識のうちの1つは、法律関係についての知識です。生産技術の仕事をしていると様々な法律に関わることがあります。工場立地法、建築基準法、消防法、電気事業法、廃棄物処理法、水質汚濁防止法、下請法など、これはごく一部であり挙げればキリがないほど工場ではたくさんの法律が関わってきます。

はしごや階段などを作るときには建築基準法を確認した方がよいですし、電気設備を設置するときは電気事業法が関わってきます。日頃から工事の計画をしているわけなので、どの工事がどんな法律に関わってくるかなど正直把握しきれません。

工事の稟議書を出したときに、上司や工場長が指摘してくれればいいのですが、そもそも知らない場合が多いです。こういった法律を見逃してしまうリスクをどうしているかというと、私の場合基本的に工事を依頼する際に施工会社の方に確認するようにしています。施工会社はその分野のプロなので、基本的に法律への対応が必要な場合は教えてくれますが、自分から聞くようにしておけば間違いありません。

そういったタイミングで初めて、「こういうことをするときにはこういう法律が関わってくるのか」と学ぶことになります。基本的には上司やベテラン生産技術が新人に教えていきますが、その人たちもやったことがない工事を任されることもありますので、常に施工会社に確認しておくことが無難でしょう。

法律というのは思ったより細かく制定されていて、全て網羅するのはほぼ不可能ですが、工事計画の段階で1つずつ意識し、確認していれば漏らすこともないでしょう。もし法律を守っていない箇所が1つでもあった場合は監査等で大変なことになりますからね。法令遵守に重きを置いている大企業はなおさらです。なので、生産技術の仕事には様々な法律が関わってくるということを覚えておきましょう。

ライン増設や、工場建設みたいな大規模プロジェクトになれば大量に関係する法律が関わってきますので、プロジェクト推進者は漏れがないか確認していくだけでも一苦労ですね。

簡単な電気の知識

工場では機械や建築などの知識が必要ですが、私の考えとしてはまず電気の知識を身につけるべきだと思います。どんな工場であっても電気は必要ですし、電気に詳しい人は生産技術者でも意外に少ないので重宝されます。電気の知識が必要と考える理由は様々ありますが、まず1つは自分の身を守る手段になるということです。

生産技術者であれば制御盤などの中身を触ることがあるかもしれませんが、なんでもかんでもむやみに触ってしまうと感電します。電気って怖いのが目に見えないところなのですよね。何の変哲もない鉄の棒が、触ったら死んでしまうものかもしれないのです。

ちなみに、人体の抵抗値などを勘案すると、だいたい42V以上が危険な電圧とされています（「死にボルト」と覚えます）。電流値では100mA以上が致命的とされています。動力として使用するのはもっと大きい電圧や電流なので触ったら即死の箇所がたくさんあります。たくさんあるといっても、普段電気室に入ったり、制御盤などに触る機会がない人は大丈夫ですし、電流が通る危険な箇所というのは容易に触れないようになっているものです。

ただ触れる箇所も全然あったりするので、どこに電流が通っているか、検電器などを使った確認方法などを知っておいた方が自分の身を守れます。私の周りでも感電してしまった人はいます（幸い死者は出ていません）し、工場の感電死傷事故は過去にいくつも事例があり、死者も出ていますのでしっかりと学んで注意すべきだと思います。

あとは単純に、電気の知識は業務に必要です。電気配線工事を発注するときは施工業者にある程度指示しなければいけませんし、省エネ施策を考えようと思ったら電気の知識は切っても切り離せません。

私も入社したての頃は全く電気に詳しくなかったので入社後勉強し始めましたが、ある程度省エネの工事を自分で考えて実施できるようになりました。正直言って全く電気の知識がなくても業務ができないことはないですが、仕事を進める上で非常に困りますし、できる仕事の幅も小さくなってしまいますので、転職にも関わってくるかもしれません。

したがって私は電気の勉強をおすすめしますが、何も電気工事士や電気主任技術者などの資格を取れというわけではありません。法律と同じように、仕事をしていく中で疑問点をしっかり解消していったら自然に知識も身につきます。周りに電気に詳しい人がいたら、積極的に教えてもらうようにしましょう。

おわりに　～「行動」の重要さ

ここまで生産技術や工場勤務の話を書いてきましたが、これらに該当する方はほとんど会社勤めであるため、よく会社員特有の悩みも相談されます。

私はYouTubeを始めてもうすぐ3年になりますが、ありがたいことにチャンネル登録者数も5万人を超えました。その辺の企業で働いている普通のサラリーマンの私が、5万人以上の人に見ていただけるようなコンテンツを作ることができると思っていませんでした。

今の時代、SNSで認知が広がると今回のような書籍出版のお話をいただいたり、企業案件をいただいたり、どんどん仕事の幅が広がっていきます。そもそもYouTubeを始めた当初は、毎月3万円ぐらい稼げたらいいな、程度の気持ちでしたが、まさか自分に普段会社員としていただいている給料を超える収益が入ることになるとは夢にも思いませんでした。YouTubeを始めたから書籍を出すこともできました。

私のYouTube動画のコメント欄で、「結局副業って何したらいいの?」という旨の書き込みがよくありますが、「何をしたらいい」というのはありません。ブログで稼いでいる人もいるし、せどりで稼いでいる人もいますが、多くの人が自分には無理なんじゃないかと思ってそもそも始めようとしません。

YouTubeに関しても、チャンネル登録者1000人を超えるのが全体のうち上位15%程度と言われていますし、収益化できても再生数を取り続けなければ稼ぐことはできないので、ネガティブな情報だけを見て始めようとしない人は多いと思います。しかし私は行動を継続した結果、運良く多くの方に動画を見ていただけるようになりました。

何が自分に合うか、何が稼げるかなんてやってみないとわからないのです。「考える前に行動」とまでは言いませんが、「ちょっと考えたらすぐ行動」ぐらいでないと何事も進みません。そもそも行動した後に考えることがたくさん出てくるのであって、実は最初から考えることはあまりないように思います。

「やる気」に関しても、行動し始めたら出てくるものなので、行動しなければやる気なんか一生出てきません。今の生活を少しでも変えたいと思ってる人は、すべきことがちょっとでも見えたらすぐにやってください。「行動」すると人生が変わる可能性があります。

何か始めたいけど始めることができていない、モヤモヤしている読者の方の背中を押すことができれば幸いです。

生産技術の馬
生産技術職 YouTuber
大阪出身。神戸大学の大学院を卒業後、生産技術者として工場で勤務。大手電機メーカーと大手食品メーカー２社の工場で設備管理・設備更新等を行い、さまざまな規模の工場で経験を積む。2021 年より YouTube で生産技術者へ向けて情報発信を行っている。

生産技術あるある
生産現場や工場勤務でありがちなことすべて

2024 年 5 月 10 日　初版第 1 刷発行

著　者──生産技術の馬

発行者──張 士洛
発行所──日本能率協会マネジメントセンター
〒103-6009 東京都中央区日本橋 2-7-1　東京日本橋タワー
TEL 03（6362）4339（編集）／03（6362）4558（販売）
FAX 03（3272）8127（編集・販売）
https://www.jmam.co.jp/

装丁・本文デザイン──奈良岡菜摘デザイン事務所
カバーイラスト──純頃
本文イラスト──ヤギワタル
D　T　P──株式会社キャップス
印　刷　所──三松堂株式会社
製　本　所──三松堂株式会社

ISBN 978-4-8005-9175-3　C3034
落丁・乱丁はおとりかえします。
PRINTED IN JAPAN